희노애락 앞의 중용

희노애락 앞의 **중용**

초판 1쇄 2014년 7월 10일

지은이 안은수 ● 펴낸이 김기창
기획 임종수 ● 표지 정신영 ● 본문 최은경

펴낸곳 도서출판 문사철
주소 서울 종로구 명륜동 2가 93번지 두리빌딩 206호
전화 02 741 7719 ● 팩스 0303 0300 7719
홈페이지 www.lihiphi.com ● 전자우편 lihiphi@lihiphi.com
출판등록 제300-2008-40호

ISBN 978-89-93958-79-9

* 값은 뒤표지에 있습니다.

喜怒哀樂 앞의 中庸

희노애락 중용

안은수 지음

도서출판문사철

차례

프롤로그　　삶의 희노애락, 그 앞의 『중용』　9

이야기 하나　　사람의 품격　13
이야기 둘　　어른의 자격　21
이야기 셋　　지속함의 미덕　27
이야기 넷　　문화를 향유하는 인격　33
이야기 다섯　　다시 내게로　39
이야기 여섯　　일상의 사건들　45
이야기 일곱　　나만 몰랐다네　51
이야기 여덟　　완물상지　57
이야기 아홉　　내 삶의 의미　64
이야기 열　　매의 눈 정도면 충분해　71
이야기 열하나　　인정욕구　78
이야기 열둘　　가족 또는 식구　85
이야기 열셋　　특별한 쿠키 한 개　93
이야기 열넷　　부자라서 좋아요　101
이야기 열다섯　　적절한 쉼표　109
이야기 열여섯　　사랑의 한 기술　116

이야기 열일곱	이런 나라서 행복해요 　124
이야기 열여덟	내리사랑 　131
이야기 열아홉	계승 · 혁신 · 창발-세종과 정조로부터 　139
이야기 스물	진정성의 결정판 　146
이야기 스물하나	성실함이 위대함이다 　159
이야기 스물둘	지성이면 감천 　165
이야기 스물셋	아름다운 연기와 수련의 시간 　171
이야기 스물넷	마인드컨트롤의 갑 　177
이야기 스물다섯	공감, 관계의 힘 　183
이야기 스물여섯	시간의 체감속도 　189
이야기 스물일곱	『중용』의 셀프리더십 핵심가치 　198
이야기 스물여덟	아찔한 선택 　205
이야기 스물아홉	명품의 풍격 　213
이야기 서른	돈화문에 들어있는 뜻 　220
이야기 서른하나	완벽한 스토리텔러 　226
이야기 서른둘	기울면 다시 차오르고 　234
이야기 서른셋	셀프 치유 　241

에필로그　　　　고백　 251

중용 찾기

제1장 19
제2장 26
제3장 32
제4장 38
제5장 44
제6장 50
제7장 56
제8장 63
제9장 70
제10장 76
제11장 84
제12장 91
제13장 99
제14장 107
제15장 115
제16장 122
제17장 130

제18장 137
제19장 144
제20장 151
제21장 164
제22장 170
제23장 176
제24장 182
제25장 188
제26장 195
제27장 203
제28장 211
제29장 218
제30장 225
제31장 232
제32장 240
제33장 247

프롤로그
삶의 희노애락, 그 앞의 『중용』

2014년, 갑오년 새해의 입춘이다. 올 겨울은 전에 없이 포근하였으나 입춘추위는 비껴갈 수 없나보다. 싸늘한 기운이 아직은 봄을 말하기 이르다고 말해준다. 이 책에는 2012년 겨울 초입에서 2013년 동안에 쓴 글이 들어 있으나 주로는 지난 겨울의 생각들이다. 그 겨울은 수은주가 10도 이하를 가리키는 일이 다반사였다. 매우 추웠다는 기억이 짙은 시간이었다. 같은 겨울이라도 해에 따라 그 색이 다르다.

우리가 삶에서 만나는 일들은 그렇게 다양하며 변화가 무상無常하다. 비슷한 항목은 있을지라도 완전히 같은 일은 없다. 사람도 환경도 일도 모두 살아 움직이는 유기체가 아니던가. 물론 별 공력을 들이지 않고 해결할 수 있는 일이 있다. 그런데 어떤 것은 만날 때마다 어렵고 잘 안 풀리는 일도 있다. 그리고 일이 어려움에 빠지는 데에는 감정의 문제가 큰 몫을 한다.

우리는 누구나 희노애락喜怒哀樂의 감정을 지니고 있다. 그로 인해 멋진 예술작품을 탄생시킬 수 있으며, 다 된 일을 그르칠 수도 있고, 사랑에 빠지기도 하며, 마음과 몸이 상할 수도 있다.『중용』에 따르면 사람은 세상의 원리(천명)를 자기 내면에 가지고 난다. 본성(성)이다. 그런데 본성 뿐 아니라 저 감정 역시 나면서부터 장착되어야 비로소 인간이다.

  본성과 감정을 지니고 태어난 사람은 이제 생의 길을 걸어간다. 생활을 통해 삶을 이루어 간다. 삶은 끝이 없는 선택의 길이다. 무엇을 먹을 것인가. 어떤 전공을 택할 것인가. 무슨 일을 하며 살 것인가. 결혼을 할 것인가. 누구와 결혼하고 자녀는 몇을 둘 것인가. 크고 작은 선택의 순간에 얼마나 좋은 선택지를 들어 올리는가는 인생의 색을 결정하는 관건이다. 그리고 여기서 중요한 문제는 자신의 감정을 얼마나 잘 조절할 수 있는가이다.

 『중용』은 이 문제에 대한 모범답안이다. 모범답안의 핵심은 본성과 어울리도록 감정을 잘 조절하라는 것이다. 이런 모범답안을 누구나 잘 찾아낼 수 있는 것은 아니다. 그러나 누구에게나 열려있는 것은 맞다. 보편적인 인간 모두에게 중용의 길이 열려있다고 말해주는『중용』은 위축된 나를 격려해준다. 그래 인간적인 삶이란 결코 겉으로 드러난 모양으로 결정되는 것이 아니야! 되새기게 한다.

그래서 이 책을 잘 보면 우리 삶이, 그 선택들이 조금은 더 인간적이지 않을까. 정답을 단번에 맞히지 못해도 그에 근접하려는 시도는 가능하지 않을까. 이런 기대로 이 책에 다가가는 것이 『중용』 독서의 의미 있는 방식이라는 것에 주저함이 없다.

『중용』은 『논어』, 『맹자』, 『대학』과 함께 사서로 꼽힌다. 사서는 중국 송나라의 주희로 부터 중시되었다. 『대학』, 『중용』은 원래 『예기』 속에 들어 있던 글이다. 이것이 송나라 이후 단행본으로 출판되어 『논어』, 『맹자』와 함께 유가의 주요텍스트로 자리하였다. 『논어』는 공자와 그 제자들의 어록으로 공자 사상의 알갱이가 들어 있는 책이다. 『맹자』는 공자의 사상을 발전시킨 맹자의 어록이다. 이 두 책을 통해서 초기 유학을 대표하는 두 거인의 사상을 배울 수 있다. 『대학』은 유학의 이상인 인을 실천하는 방법을 수기치인이라는 개념으로 제시하였다. 유학 사상의 실천방법을 안내하는 책이다.

『중용』은 유가의 철학과 이상이 그 실천과 연계하여 제시된 책이다. 그래서 인간 존재의 근원과 그 인간성을 현실화하는 방식에 대한 담론이 책의 주를 이룬다. 이 글은 공자의 제자인 자사子思가 저자라는 설이 있지만 분명하지 않다. 분명한 것은 공자가 누차 강조했던 중용의 덕이 그대로 정리되었다는 점이다.

생활의 장면, 선택의 순간에 치우치거나 기울어지지 않은

'중'을 잡아야 한다는 것이 이 책의 핵심 교훈이다. 그런데 이를 위해서는 희노애락의 감정을 적절히 표현하는 것이 관건이다. 그러니 삶의 트레이너 역할을 기대할 수 있는 텍스트이다. 명심할 것은 모든 것을 다 얻으려는 욕심, 백퍼센트 좋은 것만 가지려는 유치함을 내려놓자는 것이다. 내가 진정 원하는 것을 얻을 때에는 못내 버리기 아까운 패라도 포기할 수 있어야 한다. 반면 아주 나쁜 일이 내게 닥치더라도 잘 살펴보면 이로운 점이 숨어 있다는 사실. 그걸 발견할 수 있는 혜안을 길러가자는 것이다. 이제 『중용』 독서를 통해 생활을 개선하고 삶을 업그레이드 할 수 있는 한 방법을 제안해 보려고 한다.

이천십사년 이월
안은수

이야기 하나

사람의
품격

와이파이^{Wi-Fi}다 LTE다 하는 무선통신 기술의 진보를 이야기하는 용어들이 난무하고 몇 달에 한 번씩 새로운 버전의 스마트폰이 쇼케이스를 연다. 스마트폰과 태블릿pc를 짝 맞추어 마련하고 '이젠 이것으로 됐다!'고 여기는 나와 같은 구세대의 자세로는 20대 젊은이들의 언어를 따라 갈 수가 없다. 정신없이 흘러가는 유행의 파장이 어디 IT기기에만 해당될 것인가.

매일 새롭게 개발되는 화장법에서부터 헤어스타일, 의상, 백, 구두에 이르는 패션 상품들 덕에 누구라도 구식 모드의 소유자로 전락하는 일은 그리 어려운 일이 아니다. 하루가 다르게 다이어트 법이 개발되고 유통되다가 교체 되고, 분위기 있는 데이트 장소로 꼽히는 음식점도 어제와 오늘이 다르다.

사교육 시장에서 각광을 받는 아이템도 쉴 새 없이 바뀌니 그 트렌드를 타기 위한 부모들의 안간힘이 눈물겨울 지경이다. 자식의 일거수일투족에 지나친 관심을 쏟는 우리시대 부모에게 이는 얼마나 가혹한 현실인가. 이런 장면에 마주하면 진정으로 무자 상팔자임을 독백하며 안도하지 않을 수 없다.

생활의 모든 영역에서 마주치는 첨단의 유행, 그 물결로부터 자유로울 수 있는 이가 얼마나 되겠는가. 문화를 향유하는 21세기적 인류의 일원이고자 하는 욕망은 역동적 문화의 흐름에 과감히 뛰어들 것을 독려한다.

물론 다양한 집단의 사람들과 다양한 주제를 가지고 접촉하더라도 나의 보수적 일면이나 촌스러운 태를 내보이고 싶은 마음은 눈곱만큼도 없다. 그럼에도 불구하고 배운 게 그렇고 그래서인지 모든 사람이 주류가 되어 급격하게 흘러가는 풍경에 접하고 보면 한 생각을 접어 둘 수가 없다.

'이거 이렇게 가도 되는 건가? 너무한 거 아냐?'

유행의 첨단을 따르는 것이나 물질적인 향유의 정도가 자존을 지키는 주요 척도가 된다면 인간의 가치는 어디서 찾을 수 있을까? 예컨대 평균 직장인의 연봉 서열에서 명함을 내밀기 어려운 나와 같은 인문학 종사자는 시작 전에 이미 지는 게임이라는 말이다.

이런 식의 생각으로 자신이 한 없이 작아지려 할 때 혹은 그와 반대로 겉으로 보이는 문제에 집중하고 소유함으로써 한껏 달떠 있다가 추락을 경험한 이. 그들 누구에게라도 용기와 희망을 줄 수 있는 생각이 『중용』에 있다는 사실은 다행한 일이다. 오늘 우리가 고전을 읽는 이유 중의 하나는 당면한 나의 문제를 나란히 놓고 사색할 수 있기 때문이다. 현실에 급급하여 자칫 자기 행동을 제어할 수 없는 처지에 놓이곤 하는 오늘의 인류에게 이 책은 참으로 귀한 정보를 제공해 준다. 더구나 인간의 자존감을 한껏 충족시켜주는 간명한 이 책의 첫 문장은 참으로 멋진 말이 아니던가!

"이 세상의 원리가 곧 나의 본성이고, 이 본성을 따라 사는 것이 도이며, 도를 잘 연마하는 것이 곧 공부이다."

이 세상의 원리가 곧 내 내면의 본성으로 들어와 있다니! 최신 트렌드의 아파트나, 새로 수입된 매혹적인 스포츠카, 신상 백을 손 안에 넣는 따위와는 차원이 다른 생각이 아닌가? 트렌드는 계속 흘러가서 바뀌기 마련이니 제아무리 최신 유행의 '그것'을 손에 넣은들 그것에 만족할 수 있는 유효기간은 이미 정해져 있다.

무제한의 가치를 지닌 무언가가 나의 내면에 존재함을 확인하는 일은 설레는 일이 아닐 수 없다. 우주 자연이 질서 정연하게 순환하도록 하는 원리가 인간의 본성으로 내면화되어 있다는 정의는 인간의 자리를 한껏 고차원적으로 설정해 놓은 구도이다. 『중용』을 주석한 주희는 "사람은 타고난 본성을 따라 마땅히 걸어가야 할 길을 이미 갖고 있는데 그것이 곧 도"

라고 했다.

억대 연봉의 고소득 직장인이나 비정규직 근로자를 막론하고 모든 사람은 나면서부터 인간의 존재가치를 지니고 있는데 게다가 그것은 온 세상의 원리와 통하는 것이라지 않은가. 이런 생각은 인간의 자존감을 고민하는 누구에게나 힘을 주는 장치이다. 왜냐하면 이것은 오늘의 한국사회처럼 눈에 보이는 것만이 최고라 선전되는 공간에서 본의 아니게 피해자가 된 이들에게 사고의 전환을 제안해주기 때문이다. 세상의 흐름이라는 차원을 고려하는 동시에 내 스스로가 세상의 흐름과 같이 갈 수 있는 틀을 지니고 있다니 이보다 더 용기를 주는 말이 있을까.

이는 최신의 패션을 따르고 제일 잘 나간다는 외국어 학원에 자녀를 입학시키는 차원을 넘어서 삶의 가치를 돌아보도록 하는 수준에서의 트렌드를 살피라는 주문이다.

온라인 매장을 기웃거리며 하루가 다르게 올라오는 각가지 물건들을 구매한 뒤 밀려드는 택배에 당혹했던 일. 좋은 빈티지 와인 리스트를 꿰고 소비하는 것으로 교양의 정도를 드러낸다고 믿었던 순간. 잘나간다는 외국어 학원에 자녀를 입학 시키는 것을 부모의 도리로 확신하던 어느날 문득 '내가 지금 어디에 서 있는 거지?'를 독백했던 경험이 있는 이에겐 『중용』 첫머리의 인간성에 대한 선언이 새로운 세상을 열어주는 화두가 되어줄지 모른다.

　　내가 인간이란 존재로서 지구에 태어난 그 근원에 대한 궁금함. 수학의 계산으로 풀리지 않는, 기막히게 어려운 확률로 지금 내가 여기서 살게 된 이유에 대한 질문. 여기에 대해 『중용』은 우주와 일관된 원리를 받고 그것을 실현할 사명을 지닌 존재로 나를 규정해 준다.

　　지금 내가 어떠한 현실적 지위를 가지고 있든 나는 그 모든 외형적 조건에 앞서는 존재의 이유를 가지고 있다는 설정이다. 말초를 건드리는 수많은 욕망에 울고 웃는 나이지만 그런 나의 근간을 받치고 있는 재산이 있다는 말이다. 이것은 나의 급급한 현안들을 돌아보게 할 것이다. 그리하여 나를 옥죄는 문제나 환희에 달뜨게 하는 사연이 나를 압도할 가치가 있는 일인가를 물어보게 할 것이다.

　　그렇게 함으로써 내가 꿈꾸고 지켜가야 할 문제들을 다시 정돈해 보도록 할 지 모른다. 밥을 먹고 사람들과 만나고 문화를 즐기는 일들이 삶에서 중요한 문제임을 부정할 수 없다. 그러나 내가 급급해 하는 일의 우선순위를 정하는 데에서 진짜와 껍데기를 가리는 일은 내가 그러한 일상의 문제들과 좀 더 부드럽게 화해할 수 있는 힘이 되어 줄 것이다.

　　내가 가는 이 길이, 내가 선택한 이 일이 세상의 원리를 지닌 존재의 기반에서 볼 때에도 떳떳한 길인가? 나는 이 길을 걸어감으로 해서 내 삶의 의미를 좀 더 생생하게 발견할 수 있을 것인가? 이것 말고 다른 더 좋은 선택은 없을까? 나라는 존재에 더 어울리는 선택은 이것이 아닌 저것이 아닐까?

 이런 종류의 물음이 다양해지고 깊어질수록 인생의 길은 더 아름답고 건강해 질 것이 분명하다.

제1장

이 세상의 원리가 곧 나의 본성이고 본성을 따르는 것이 도이며 도를 잘 연마하는 것이 바로 공부이다.
天命之謂性 率性之謂道 脩道之謂敎.

도는 잠시라도 떠날 수 없는 것이니 만일 떠날 수 있는 것이라면 이미 도가 아니다. 이런 까닭에 군자는 다른 이가 보지 않는 곳에서도 더욱 삼가고 다른 사람이 들을 수 없는 데에서도 조심조심히 행동한다.
道也者 不可須臾離也 可離 非道也.
是故君子 戒愼乎其所不睹 恐懼乎其所不聞.

숨겨진 것보다 더 잘 보이는 것이 없고, 은미한 것보다 더 잘 드러나는 것이 없기 때문에 군자는 혼자 있을 때에 더욱 신중하게 행동한다.
莫見乎隱 莫顯乎微 故君子 愼其獨也.

희노애락의 감정이 아직 드러나지 않은 상태를 중이라 하고, 드러나서 모두 절도에 맞는 것을 화라고 한다. 중은 세상의 큰 근본이고 화는 세상에 두루 통하는 도이다.
喜怒哀樂之未發 謂之中 發而皆中節 謂之和.
中也者 天下之大本也 和也者 天下之達道也.

중과 화를 잘 이루면 천지가 제 자리를 잡고 만물이 잘 길러진다.

致中和 天地位焉 萬物育焉.

- 천명天命: 하늘의 원리. 세상의 이치
- 성性: 본성. 개인에게 내재된 세상의 이치
- 중中: 가장 적절한 상태. 적중的中이라는 의미
- 화和: 갖가지 모양이 잘 어울리며 모여 있는 상태. 획일적 모임이 아니라 다양한 것들의 조화.

이야기 둘

어른의 자격

얼마 전에 '아내의 자격'이란 드라마가 방영되었었다. 이 드라마는 탄생부터 수상한 소문이 많았고 막상 개국 후엔 남부끄러운 시청률로 웃음거리가 되었던 종합편성 방송국의 콘텐츠였다. 그런 와중에 실제 현실을 반영한 주제의 리얼함에다 연기자들의 호연에 힘입어 무시할 수 없는 시청률까지 거두었기에 기삿거리가 되었다. 이 극의 몇 가지 줄기 이야기 중 하나는 강남 학부모들의 '자녀사랑' 실태였다. 자녀의 사교육 정보를 공유하기 위한 카페가 존재하며 엄마들은 규칙적으로 거기에 모여 최신 정보를 수집하고 유명한 교육 컨설턴트와의 미팅을 진행한다. 초등학교 고학년 자녀를 둔 드라마의 주인공이 주변 지인들의 압력에 못 이겨 막 강북에서 강남으로 이사를 하면서 드라마의 에피소드가 시작된다.

이 드라마의 첫 번째 에피소드는 평소 부족함이 없다고 여겼던 주인공의 아들이 국제중학교 입시를 대비한 학원 입시에서 꼴찌로 낙방하는 것으로 시작된다. 학교도 아니고 학원에 들어가기 위해 시험을 치러야 하고 더구나 거기서 가장 열등한 성적을 얻었다는 현실에 직면한 주인공은 말 그대로 멘붕 상태에 빠진다.

하루가 다르게 변화하는 입시제도에 대응하기 위한 전략을 제대로 세우기 위해 부모는 입시코치가 되어야 한다. 그것이 불가능할 때에는 돈을 주고 그 역할을 해 줄 사람을 사야 자녀교육의 바탕이 마련되는 게 현실이란다. 아이들은 좋은 중학교, 특수한 고등학교에 입학하기 위해 사교육의 장에서 엄청난 수준의 선행학습을 해 내야 한다. 당연히 친구들과 뛰어 놀거나 가족 여행으로 캠핑을 즐기는 일 등은 사치다. 입시에 유용한 각종 스펙을 쌓기 위한 시간도 빠듯하다.

아이들은 양육이라기보다 사육이라는 단어가 어울릴 지경에서 성장하고 있다. 이는 강남이라는 한정된 지역에 해당되는 말이 아니다. 정도의 차이는 있을 지라도 온 나라에서 벌어지는 전면적인 문제이다.

역사 초기부터 아이가 잘 성장하여 나라의 버팀이 되도록 하는 일은 가장 중요한 일로 꼽힌다. 개별 가정사로 보나 온 나라의 규모로 보나 모두 우선순위의 수위에 꼽히는 일이 교육 문제라는 점에 이의를 가질 사람은 없을 것이다.

그런데 이렇게 중요한 일을 지금의 어른들이 잘 해내고 있는가를 다시 묻게 하는 일은 저 드라마 뿐 아니라 도처에서 발견된다. 나는 수년 전부터 교육이 제 길을 잘 가도록하기 위해서는 부모를 비롯한 어른들의 재교육이 우선되어야 한다고 주장하는 중이다.

교실의 무법자처럼 행동하는 아이들, 공부 못하는 친구는 무시해도 된다고 여기는 아이들, 성적표에 나타난 숫자로 자신의 무가치함을 결정하는 아이들의 뒤에는 그들의 부모와 교사와 어른들이 있기 때문이다. 아무리 생각해도 학교에서 성적이 좋았고 좋은 대학교 입학에 성공한 이가 반드시 행복한 삶은 사는 것 같지는 않다.

사회적 성공이라 평가되는 위치에 설 수 있는 가능성이 좀 더 커질 수는 있을 것이다. 그렇다고 해도 사회적 성공이 개인의 삶의 질을 높여주는 유일한 척도는 아니다.

우리시대의 어른들이 좀 더 넓은 안목으로 삶의 지평을 펼쳐서 바라보는 연습을 해야 하지 않을까. 아이들에게 다양한 가능성을 펼쳐 볼 기회를 열어주고, 자신에게 어울리는 길을 걸어 갈 수 있도록 도와주는 제도들이 더 넓게 받아들여져야 한다. 공부가 다가 아니라는 막막한 구호를 외치기보다 공부 대신 집중할 수 있는 구체적 프로그램을 개발해 주는 일이 필요하다.

어떤 상황이든 과하면 모자람만 못하다는 것이 중용적 사고이다. 주희는 중용中庸의 중자를 해석하여 "치우침도 기울어짐도 없고 과하거나 모자람이 없는 상태"라고 했다. 그런데 이것은 물리적인 한가운데를 가리키는 것이 아님은 물론이다. 성질이 급하고 과격한 아이에겐 순하고 부드러운 측면을 강화시켜주고, 유약하고 무른 아이라면 용기와 과감함을 길러 주는 것이 중용의 가르침에 따르는 방법이다. 이러한 원리는 자식을 사랑하는 모든 상황에서 적용될 수 있다. 따끔한 회초리와 따뜻한 포옹이 필요한 때가 각각 있는 것이다. 그 때에 적절하게 안아주거나 눈물이 쏙 빠지도록 혼을 내는 것이 아이를 잘 사랑하는 길이라고 『중용』은 말해준다.

좋은 게 좋은 거라는 식의 절도 없는 선택을 가장 저급한 것으로 평가하기 때문에, "군자가 중용을 행하는 것은 군자로서 때에 맞게 행동하는 것이고, 소인이 중용이랍시고 하는 일이란 소인답게 아무 거리낌 없이 어영부영하는 하는 것이다."라고 말한다. 때에 맞게 행동하고 선택한다는 것은 그저 순응하라는 의미는 아니다. 시절이 잘못된 방향을 가리키고 있다면 그 자체를 바꾸기 위한 노력도 함께 이루어져야 한다. "오랑캐 나라의 처지에 처해서는 그에 대응하는 행동을 하고, 환난을 만났을 때는 그에 적절한 행동을 한다."(제14장)고 했던 것처럼 말이다.

보통의 부모들에게 현실의 제도를 무시하고 독자적으로 자신이 옳다고 여기는 쪽으로 자녀교육의 방향을 잡아가는 일을 기대하기는 어렵다. 당장 눈앞에서 당해야 하는 불이익에 자녀를 노출시키려는 사람은 없을 터이니 말이다. 그럼에도 불구하고 사람의 삶에서 가장 중요한 부분이 무엇인지, 사람이 다른 사람과 같이 살아간다는 것의 의미는 무엇인지, 자신의 개성에 대한 성찰이 중요한 것은 왜인지에 대한 질문은 중요하다. 몸과 마음이 두루 건강한 삶을 위해서는 이러한 질문과 그 답을 찾아가는 길이 어떤 경쟁보다 우선되어야 하니 말이다.

"자기도 자식이 있으면 그런 한가한 소리 하기 어려울 걸!" 누군가 나를 향해 한마디 할지도 모르고, 또 나 역시 예외가 아닐지 모른다. 안 가본 길에 대해 자신 있게 말할 수 있는 사람이 어디에 있겠는가. 그러나 다소 무모하더라도 모두가 골똘히 매진하는 길 이외의 다른 길도 열려 있음을 내어 놓는 일이 오늘을 사는 내게 무의미한 행동이 아니라는 걸 가르쳐 준 이 역시 『중용』이니 말이다.

제2장

공자가 말했다. "군자는 중용을 행하고 소인은 중용에 반하는 행동을 한다."
仲尼曰 君子中庸 小人反中庸

군자가 중용을 행하는 것은 군자로서 때에 적절하게 행동하는 것이고, 소인이 중용이랍시고 하는 일은 소인답게 아무 거리낌 없이 어영부영하는 것이다.
君子之中庸也 君子而時中 小人之中庸也 小人而無忌憚也

- 중용中庸: 주희는 중용을 해석하여 "중은 치우침도 없고 기울어짐도 없으며 과하거나 모자람이 없는 것이고, 용은 일상적인 것을 말한다.[中者 不偏不倚無過不及之名 庸平常也]"고 했다. 그러니까 중용은 일상의 삶에서 만나는 다양한 선택의 순간에 더할 것도 뺄 것도 없는 가장 좋은 선택을 해내는 것이다. 이것은 우리가 경험에서 알다시피 말처럼 쉬운 일이 아니다. 우리는 줄곧 지나치거나 모자란 지점을 잡아내고 후회하기 십상이다. 그러나 다음번에는 좀 더 나은 상태로! 이렇게 발전해 가는 생활을 권유하는 것이 『중용』의 가르침이다.
- 시중時中: 그 때에 가장 적절한 태도를 취하는 것. 공자의 시대라면 그 때에 상식인 가치를 선택해야 하고 지금은 오늘에 맞는 가치를 취해야 한다는 개념이다. 한 곳에 얽매이지 않고 시의적절한 처신을 요구하는 합리적 사유이다.

이야기 셋

지속함의
미덕

작심삼일이라는 말에서 누구인들 자유로울 것인가. 마음먹은 지 얼마 지나지 않아 결연했던 의지는 슬며시 풀이 죽는다. 동시에 꼭 그렇게 해야 하는 건 아니지 않느냐고 속살대는 또 다른 내면의 소리에 타협하곤 했던 경험은 수를 헤아리기 어렵다. 마음먹기 보다 더 힘든 것은 역시 지속적으로 지켜가는 일인가 보다.

    나로 말하면 남보다 명민한 두뇌를 갖지 못했고 이렇다 하게 내 놓을 특별한 재능도 없다. 그래도 굳이 장점을 말해보라면 스스로에게 한 약속을 잘 지키는 편이라는 것 정도를 말할 수 있을까. 나는 요즘 아침 여섯시 알람과 함께 하루를 시작하는 이른바 아침형 생활패턴을 지키고 있다. 공부를 업으로 하는 연구자들은 일정한 시간에 출퇴근해야 하는 조건에 구속되지 않을 때가 많다. 게다가 밤 시간이 공부에 집중하기 좋다는 편견까지 가세하여 밤낮이 바뀐 삶을 사는 경우가 허다하다. 나 역시 예외가 아니었다. 그런데 더 이상 젊은 나이가 아니라는 자각은 그런 생활 리듬이 건강을 지탱하는 데에 무리가 된다는 징후들과 함께 왔다. 아침에 활동을 시작하고 밤에는 잠을 자는 것이 역시 자연스런 생명의 흐름에 따르는 길인 동시에 건강을 지키는 길이라 여기고 결단을 내리게 되었다. 바꾸자!

오래된 습관을 바꾸는 일은 마음처럼 쉽게 따라주질 않았다. 자칫 있던 자리로 돌아가려는 탄성을 고치고자 세운 전략은 새벽반 영어학원 등록이었다. 적지 않은 수강료에다 때마침 흥미를 갖게 된 영어공부가 얹혀지니 내가 바라는 두 가지를 이루지 않겠는가! 다행이 나의 새벽 외출은 3년 정도 지속되었고 덕분에 원하는 것을 갖게 되었다. 궁여지책으로 선택한 새벽반 영어학원 덕에 올빼미족 생활을 청산하고 아침형 인간으로 거듭나게 되었다는 성공 스토리이다.

거창한 무엇이 아니라도 자신이 하고 싶고 이루고 싶은 것을 해내었을 때의 기쁨은 참으로 고소한 맛이다. 유학은 이러한 맛을 확장해 가는 경험을 제안한다. 『논어』에서 "공자가 말하기를, 나는 열다섯 살 즈음에 학문에 뜻을 두었고, 삼십에는 삶의 목표를 세웠으며, 사십에는 의혹하지 않을 수 있었고, 오십에는 천명을 알고 실천할 수 있었으며, 육십에는 다른 이의 의견을 수용할 수 있었고, 이윽고 칠십이 되어서는 내 마음이 하고자 하는 바를 따라 해도 법도를 넘지 않는 자유로운 경지에 이를 수 있었다."(위정편, 4장)고 했던 말이 바로 그런 의미이다. 성장 과정의 단계마다 거쳐야 할 경험을 피하지 않고 살아내야 한다. 이렇게 했을 때 인생을 마무리 하는 즈음에 자유자재로 세상에 대처할 수 있는 멋진 모습을 가질 수 있다는 제안이다.

이것은 지속적으로 계획하고 진행하고 반성하며 다시 이루어가는 과정을 통해 만들어 갈 수 있는 길이다. 그리고 이는 거창한 사건이 아니라 일상의 다양한 삶의 경험이 모여서 이루어지는 것이라 이해한다. 그래서 나는 학생들을 향해 말하곤 한다. "유학에서 말하는 수도修道는 자기 삶의 현장에서 자기와의 약속을 지켜가는 길이다. 그러니 정해진 시간에 헬스클럽에 가서 운동을 하고, 학원 강좌를 듣고, 보고서를 쓰는 행위들이 모두 도를 닦는 일이다."

많은 학생들은 도를 닦는 일이 자신의 일상을 가꾸어 가는 바로 그 길이라는 이야기에 매력을 느끼는 것 같다. 왜 아니겠는가! 나 역시 이 점 때문에 유학이라는 학문의 언저리를 지키고 있으니 말이다.

중용적 사고에 따르면 과하거나 모자람이 없이 그 때에 적절한 선택을 해 가는 연습이 도를 닦는 길이다. 주희는 "지나치면 중을 잃고 모자라면 이르지 못한 것이니 오직 중용의 덕만이 지극하다."고 하면서 사람들은 모두 이것을 실현할 수 있는 능력을 타고났지만 후천적인 조건 때문에 실현이 어렵다고 했다. 『중용』에서는 무엇보다 지속해서 중용을 선택하는 일이 어렵다고 말힌다.

"중용은 지극한 것인저! 사람들 중에 오래 지속할 수 있는 이가 드물구나!"

그도 그럴 것이 중용을 지킨다는 것은 섬세한 관심과 결단을 요하는 일이다. 잘 살펴서 모자라면 채우고 자칫 넘어서면 다시 줄이고, 차면 따뜻하게 너무 더우면 다시 온도를 낮추는 섬세함은 둔감하거나 관심의 정도가 낮아지면 가능하지 않은 감각이니 말이다. 게다가 세상과 사람은 끊임없이 변하는데다가 세상과 사람이 만나서 이루어지는 상황이 되고 보면 고려해야 할 조건도 만만치 않다. 그러니 일정하게 계량되는 중용의 지점이란 애초에 가능하지 않은 법이다.

어쩌면 나와 같은 보통사람에겐 딱 적중하는 중용의 선택은 평생 불가능한 꿈일 수도 있다. 그러나 그 답을 찾아가는 과정 자체가 정답일지 모른다. 이전 보다 조금씩 나아지는 선택을 해 가는 것 말이다. 그러니 즉각적으로 분명한 길이 보이지 않더라도 조금씩 나아지는 길을 지속하는 것이 최선의 길일 것이다. 그래서 나는 『중용』3장의 키워드를 '지속함'이라고 생각해 보았다.

큰 재능은 없더라도 스스로 정한 약속을 비교적 잘 지키는 나의 장점을 살려서 포기하지 않는 길을 연습해 봐야겠다. 특출 난 재능으로 중용의 삶을 이루어 가는 이는 보기만 해도 안심이 되고 든든하다. 그러나 그러한 재능이 없는 우리도 성실한 태도만 견지할 수 있다면 중용의 도에 참여하는 길 위에 선 것이다. 그리고 이 역시 아름다운 일이다.

제3장

공자는 "중용은 지극한 것인저! 사람들 중에 오랫동안 지속할 수 있는 이가 드물구나!"라고 했다.

子曰 中庸 其至矣乎 民鮮能久矣

이야기 넷

문화를 향유하는 인격

최근 대중예술계의 두드러진 특징은 중년의 사람이 상품으로 만들어져 소비된다는 것이다. 꽃중년이란 수식어를 단 연기자나 가수들이 주요 시간대 방송프로그램이나 미니시리즈 드라마의 주인공으로 종종 간택된다. 이십대의 청춘스타가 아니어도 대중의 시선을 잡을 요소를 갖고 있다는 말이다. 방송 뿐 아니라 각종 공연이나 레저상품, 화장품 등 중년의 두둑한 지갑에 호소하는 각종 상품들이 각광을 받는 것도 재미있는 현상이다.

지난 시대 중년들의 일반적 자리가 일터의 보직이나 어머니, 아버지란 이름으로 대변되었다면 이제는 자신의 이름으로 누릴 수 있는 다양한 문화를 향유하는 안정된 소비자로 전환되고 있다. 내가 이십대였을 때 사십의 아름다움을 말하는 어느 사십대 여배우의 인터뷰를 들으며 이상한 신선함을 느꼈던 기억이 있다. 저렇게 어마어마한 나이가 되어도 인간의 희로애락 속에 여전히 머무는 것일까? 하나도 예쁠 것 없는 그런 나이에도 사람들은 사랑을 느끼고 여린 감성을 보존할 수 있을까? 잠깐 생각해 보았을 테고 더 이상 나이 먹은 나에 대한 생각을 이어가진 않았던 것 같다. 그 이후로도 오랫동안.

그러나 생각보다 삼십은 빨리 왔고, 사십은 그보다 더 우습게 나를 찾았다. 그리고 이후의 나이들은 더 쉽게 내 것이 될 것을 이제는 안다. 사십대를 사는 나는 이십대 때의 내가 했던 유치한 생각을 가끔 회상하곤 했다. 그 때는 주름이 자글자글한 사십의 사람들은 더 이상 사랑을 느끼거나 감정의 물결에 영향을 받지는 않으리라 여겼을 것이다. 이런 생각은 그 사람들도 숨을 쉬고 밥을 먹을까를 의심한 것과 별반 다르지 않은 유치한 생각이었음을 알게 된 것은 역시 내가 중년의 나이에 접어들면서이다. 세월을 통해 자연스레 학습 된 배움이랄까.

요즘엔 나이 많은 이혼녀와 청년의 사랑을 다룬 극도 적지 않고 그 반대의 경우를 이야기하는 스토리는 더욱 흔하다. 그러니 오늘의 젊은이들은 내가 이십대에 느꼈던 것처럼 청년과 중년의 간극을 절대적인 것으로 바라보지는 않을 것이다. 그러기에 인간에게 학습과 환경이란 매우 중요한 장치이다

이십대의 나를 돌아보면 피식 웃음이 난다. 세상의 중요한 고민거리는 다 내 안에 있었다. 그러니 나는 고고한 인간

실존의 탐구를 위해 나의 넋까지 투신한다, 고 할 정도의 과장된 진지함으로 동기들을 우습게 보기일수였던 날들이었다. 그럼에도 불구하고 앎이라는 것이 모두 어설프기만 하여 인생을 바라보는 눈도 미숙하기 그지없었던 시간. "어리석은 자는 미치지 못한다."는 『중용』의 말이 딱 그 때의 나를 대변해 준다.

〈신사의 품격〉은 요즘 애청하는 텔레비전 드라마다. 사십대 남자들의 사랑과 일상을 줄거리로 한 이야기다. 네 명의 남자들이 주인공인데 그 중에 한 사람만 결혼 상태에 있고 둘은 미혼이고 나머지 하나는 상처한 싱글이다. 미혼 중의 한 명은 장동건이 연기하는 김도진이란 인물이다. 김도진은 외모도 출중하고 경제적으로도 안정되었으며 뭐 하나 부족할 것이 없는 인물로 묘사되는데 자기가 번 돈을 나눠 쓰기 싫어서 결혼하지 않는다는 유치하면서도 솔직한 대사를 내던질 수도 있는 인물이다. 그런 남자가 정말로 좋아하는 여자를 만나서 또 다른 국면의 이야기로 진행되는 것이 최근의 진도이다.

극중의 김도진은 자타 공인하는 잘난 남자이다. 능력 있고 머리 좋고 외모 되고 센스까지 훌륭한 캐릭터다. 그런데 이 남자가 자신의 잘남을 주체 못하고 넘치게 행동하는 것으로 깨알 같은 웃음을 주는 재미가 쏠쏠하다. 너무 잘나서 지나치게 오버하는 행동반경들이 한 템포 지나 스스로를 반성하도록 하고 그것을 보는 시청자들은 즐겁다. "잘났다고 하는 이들은 행동이 지나치다."고 했던가.

현실의 세상이나 극중을 막론하고 그 안의 사람들은 미성숙으로 유치하고 모자란 행동을 하거나 너무 똑똑해서 지나치게 행동하기 십상이다. 치우지지도 기울어지지도 않은 정곡을 선택하고 그것을 지켜내는 이를 만나는 일은 어렵다. 보통 사람들 보다 훨씬 성숙한 사람이라 줄곧 중용의 측면에서 훌륭한 선택을 해내는 이라도 처음부터 끝까지 완전무결할 수는 없다.

그러니 역시 중용의 도란 언제나 진행형으로 생이 다하는 날까지 섬세한 촉을 세워 두어야 크게 벗어나지 않거나 벗어나더라도 제자리를 찾을 수 있는 탄성을 지닐 수 있다. 한편 근간의 꽃중년 바람은 어느 한 순간의 인간만이 아름다움을 논할 수 있는 세대라고 고정하지 않고 나이에 따라 그에 걸 맞는 아름다움을 찾아낼 수 있다는 사고를 상징한다는 면에서 중용적 사유라고 할 수 있을까? 하나로 정해 놓으면 오래가지 못하고 영원하기 위해서는 때에 따라 잘 변화해야 한다는 변화의 관념은 매우 합리적인 동시에 더 이상 젊은 나이가 아닌 나를 위로해 준다.

『중용』에서 "사람들은 모두 마시고 먹지만 그 맛을 아는 사람이 드물다."고 한 것은 일차적인 인간의 욕구를 충족시키는 것 이상의 차원 높은 삶의 의미를 사색하기가 쉽지 않다는 의미이다. 그러니까 지나치거나 모자람이 없는 중용의 선택이란 문화의 수준을 높인 차원에서 생활을 돌아보고 삶을 고민하는 자리에서 얻어질 수 있다. 오주석의 『한국의 미 특강』에 보면 매우 심플한 서안이 소개된다.(166쪽) 저자는 조선이 문화와 도덕으로 잘 지어진 나라였음을 전제로 하면서 그런 조선의 훌륭함을 반영한 것이 유물들이라고 한 다음에 선비들이 책상으로 사용했던 매우 단순한 디자인의 서안을 소개하였다. 그는 "선비의 나라만이 가지고 있는 맑은 줏대가 비춰어 보였습니다. 조선의 문화는 점잖고 소박하지만 그 안에 비범한 안목이라고 할까, 정신적 인격을 중시하는 아주 섬세한 측면이 있었습니다."라고 설명하였다.

이렇듯 비범하나 화려하지 않고, 불쑥 빛나지 않지만 볼수록 아름다운 맛과 멋을 지닌 조선의 백자 달항아리며 서안과 같은 물건들이야말로 중용의 덕을 상징하는 매체가 아닐까 생각해 본다. 그들은 극적으로 치우치기보다 그것을 넘어서 있는 한 차원 높은 미의 경지를 찾아낸 것이 아닌가.

제4장

공자가 말했다. 도가 행해지지 않는 이유를 내가 알겠으니 지혜롭다 하는 이는 지나치고 어리석은 자는 미치지 못하기 때문이다. 도가 밝혀지지 않는 이유를 내가 알겠으니 현명하다 하는 이는 지나치고 못난 사람은 미치지 못하기 때문이다.

子曰 道之不行也 我知之矣 知者過之 愚者不及也 道之不明也 我知之矣 賢者過之 不肖者不及也

사람은 모두 마시고 먹지만 그 맛을 아는 사람이 드물다.

人莫不飮食也 鮮能知味也

---

* 불초不肖 : 부모님을 닮지 못했다는 글의 뜻으로부터 나아가 못난 사람이라는 의미로 쓰인다.

이야기 다섯

다시 내게로

『논어』학이편 첫 문장은 "배우고 배운 것을 시의적절하게 익힐 수 있다면 또한 기쁘지 않겠는가! 벗이 있어서 먼 곳으로부터 오면 또한 즐겁지 않겠는가! 다른 이가 알아주지 않아도 화를 내지 않는다면 또한 군자가 아니겠는가!"이다. 동양을 대표하는 고전 중의 고전이라 할 책의 첫마디 치고 너무 담담하게 여겨질 정도로 밋밋하다. 그러나 읽을수록 맛과 깊이가 다르게 와 닿는 문장임을 덧붙이지 않을 수 없다. 이는 마치 화려한 기교와 다양한 향신료로 치장된 음식 보다 원재료의 맛을 제대로 살린 음식을 최고로 치는 수준 높은 미식가의 취향에 비유할 수 있을까.

첫 번째 구문은 자신이 습득한 다양한 정보를 적절하게 응용하여 그 지식을 자기 안에서 제대로 소화하고 마침내 자신의 성장과 마주했을 때의 기쁨을 말한다. 알에서 막 깨어난 아기 새가 드디어 비상하게 되는 과정에 비유할 수 있다. 유치한 연습을 감내한 이후에야 맛볼 수 있는 멋진 비상. 발차기로부터 시작하는 수영강습의 그 멋쩍은 과정을 거치지 않고서는 버터플라이의 멋진 유영이 가당치 않다는 가르침이다. 이러한 과정들은 경험해 본 자들만이 몸으로 이해할 수 있는 말이다. 그러니 '학이시습지'로 시작하는 문장은 성장을 고민하는 사람에게 절실한 화두가 될 의미를 지닌다.

두 번째 구문은 좋은 벗을 가지는 것이 얼마나 든든한 자산인지를 되돌아보게 한다. 공자가 살았던 시대는 지금처럼 공간이동이 자유롭지 않은 시대였다. 더구나 전쟁이 끊이지 않았다는 혼란기의 춘추시대가 아니던가. 그러한 시대에 가족도 아니고 사랑이라는 열병을 동반한 대상도 아닌 그저 벗일 뿐인 나를 찾아 그 어려운 길을 떠날 온 이가 존재한다. 이런 의미로 이 구문을 다시 보면 이젠 더 묵직한 느낌으로 압도하는 향기가 난다. 그리하여 오늘의 내게도 이런 친구 하나 있다면 그것으로 성공한 인생임을 증거 할 수 있는 것이다.

마지막 구문은 앞의 두 문장보다 더 밋밋하지만 내면으로 향하는 문제의식의 면에서는 단연 첫째로 꼽을 수 있다. 사람은 누구나 남들이 나를 잘 알아주길 원한다. 남들이 귀찮아하는 일을 솔선수범의 정신으로 해냈다면 그것을 보상하는 칭송이 들려와야 비로소 만족스럽다. 이런 순간을 위해 그런 고생을 감내했다는 마음에서 말이다.

압구정동 거리에는 한집 걸러 성형외과가 성업 중이다. 학생들의 방학은 이른바 이들 병원의 '시즌'이다. 많은 학생들이 불만족스런 외모를 고치고 좀 더 예뻐지기 위해 돈을 들고 성형외과를 찾는다. 나이 들어 주름져야 자연스러울 어른의 얼굴이 비정상적으로 팽팽한 것은 보톡스 시술의 효과이기 십상이다. 외모를 상품으로 팔아야 하는 연예인도 아닌 일반인들까지 지나칠 정도로 외모 가꾸기에 몰입하는 현실이다. 이런 현상은 다소 기형적이긴 하나 타인에게 자신을 돋보이게 하려는 의도에서 생긴다.

사회성을 그 존재의 특성으로 갖는 사람에게 다른 이들의 평가는 매우 중요한 문제이다. 그러기에 사람은 누구라도 자신의 좋은 이미지를 위해 돈을 들이고 시간을 들이고 공을 쏟는다. 그리고 내가 들인 공만큼의 보상이 주어지지 않으면 실의에 빠지거나 삐뚤어진 행동을 하기도 한다.

아무리 치장을 하더라도 자신이 가진 것에다 수식을 붙이는 형식이어야 하는 것이 상식이다. 그런데 좋은 평가를 위한 욕구가 지나치거나 왜곡되면 이젠 자신이 가지지 않은 것으로 자신을 설명하는 지경에 이르게 된다. 최근 학력 위조문제로 사회가 떠들썩했던 것처럼 거짓 학력으로 행세하는 사람들이 생각보다 광범하게 우리 사회에 존재한다. 그뿐만이 아니라 학자라는 사람들이 타인의 글을 도둑질하여 자신의 것으로 둔갑

시키고, 국회의원이 되려고 돈으로 산 이력을 내세우는 이들의 사연이 심심치 않게 뉴스를 제공한다.

이렇게까지 남들의 평가를 사기 위해 동분서주하는 사람들에게 공자는 말한다. "다른 이가 알아주지 않아도 화를 내지 않는다면 또한 군자가 아니겠는가?" 남들이 알아주지 않으면 화가 나는 것이 인지상정이나 그것을 한 번 넘어 보면 어떻겠는가를 묻는다. 자신에게 떳떳할 수 있고 그로부터 오는 만족감은 타인의 평가 여부 이전에 있는 것일지 모른다. 그리고 이런 만족감의 수준이 남들에 의한 것보다 한수 위임을 진실로 이해하게 된다면 거짓으로 학력을 사고 글을 사고 추억을 사는 따위가 재미없는 일임을 알게 될 것이다.

그래서 『논어』의 이 구문을 통해 관심의 방향을 좀 더 나의 내면으로 향하게 하는 것의 의미와 상징을 생각해 본다. 아울러 근간의 나의 사고들이 자신을 돌아보는 것을 최소화 하고 밖으로만 내달리지는 않았던가를 돌아본다. 하루가 다르게 생산되는 새로운 상품들. 인터넷 포털 사이트를 통해 무한히 제공되는 다른 이의 일거수일투족. 그리고 그것들에 민감히 반응하는 다수 중의 일인으로서 나. 그런 나는 정작 내가 빠진 광장에서 허무하게 열광하고 있었던 것은 아닌지.

여기서 나는 '나는 누구인가?'를 다시 환기하자는 화두를 얻는다. 나는 무엇을 좋아하고 싫어하는가. 어떤 것에 열광하며 어떤 사람을 좋아하고 싫어하는가. 왜 그런가. 내가 행복하게 살 수 있는 길이 내가 지금 서 있는 이 지점에서 멀지 않은 데에 있는가. 이제 돌아가야 하는가 아니면 더 분명하게 지금의 발자국을 새겨 넣어야 하는가.

이십의 청춘이나 칠십의 노년을 막론하고 현재진행형의 반성과 새로운 계획을 수반한 자기 확인을 통해 각자의 삶의 길을 걸어가야 한다는 점은 유학 공부에서 배운 소득이다. 그런데 사람은 어릴 때는 어리기 때문에 나이가 들어서는 나이가 많다는 이유로 스스로를 확인하고 성찰하는 삶에서 비껴나기 쉽다. 그리고 그보다는 앞에 보이는 외부적인 것들에 좌우되곤 하는 자기모순을 갖는다.

그래서 세상은 반성된 주체로서의 인간이 또 다른 주체로서의 인간을 정당하게 평가하며 공정한 선택이 존중되는 태평성대이기 보다 지나치거나 부족함으로 얼룩진 혼란함을 드러내기 십상이다. 그러니 "도가 행해지지 않음인저!"라는 공자의 탄식은 그대로 현실의 반영인 것이다.

제5장

공자가 말했다. "도 그것이 행해지지 않음인저!"

子曰 道其不行矣夫

이야기 여섯

일상의
사건들

2012년을 마감하는 십대 뉴스 안에는 반드시 대대적인 언론사 파업사태가 들어갈 것이다. 지금, 여기 한국 사회의 가장 핫한 뉴스가 문화방송 노조 파업으로 대표되는 언론사 문제이다. 어느새 문화방송 노조의 파업은 5개월을 넘어서고 있다니 일이 이만저만 심각한 게 아니다. 방송의 공공성을 훼손하는 편성과 인사, 그리고 제작권 침해 등에 저항하는 노조원들이 사장 퇴진을 주장하며 무기한 파업 중이다.

어떤 직장보다 좋은 대우를 받는 이들이라지만 대부분이 보통의 생활일인 터에 5개월이 넘게 임금 없는 생활을 견디는 데에는 수많은 사연들이 만들어지고 있을 것이 뻔하다. 오늘 치 〈오마이뉴스〉에는 광화문 일인시위에 참여한 왕종명 기자의 인터뷰 기사가 나왔다. 인터뷰 말미에 마이너스 통장이 있어서 걱정 없다고 말하면서 웃는 모습이 씩씩해 보여서 그나마 잠시 든든했었던가!

　내 손안의 인터넷 세상이 구현되어 있는 요즘과 같은 시대에 어떤 포털 사이트 화면을 보더라도 뉴스와 정보가 넘친다. 그럼에도 불구하고 공중파 방송의 영향력은 여전히 민감하고 막강하다. 그러나 요즘 나는 뉴스데스크를 보지 않고 무한도전 결방에 상심하는 한편으로 생활을 걸고 자신이 옳다고 생각하는 길을 가고 있는 이들을 응원하는 중이다.

　그건 공신력을 미덕으로 삼아야 할 방송사에서 내보내는 뉴스와 각종 프로그램들을 신뢰하며 듣고 볼 수 있는 환경이 만들어지길 원하기 때문이다. 각 영역이 거대한 거미줄처럼 이어져 있는 우리들의 사회에서 대사회적 영향력이 큰 방송은 힘 있는 사람들이 압력을 행사하기에 좋은 매체이다. 그러나 질적으로 고급한 사회일수록 그런 부당한 힘을 견제하는 다른 동력이 활발히 움직인다. 그렇게 함으로써 대중들의 바로 알 권리를 돕는 장치가 가동되는 것이다.

　나는 가톨릭 수녀님들의 재단에서 운영하는 고등학교를 다녔기에 지금까지도 가톨릭의 행사나 미사에 참석할 수 있는 기회가 더러 있다. 당연히 은사 중엔 수녀님들도 계시니까 수녀님을 따라 미사에 참석하는 일이 가끔 있는 데 몇 년 전 여름에도 그런 경우가 있었다. 그런데 그 미사가 마침 어린이를 위한 시간이어서 초등학교 학생들로 보이는 아이들이 여럿 있었다.

신부님은 그 미사 강론에서 홍수로 어려움을 겪는 이웃들이 있으니 관심을 갖자는 말씀을 주로 하셨다.

한 시간 남짓 되는 미사 시간 동안 아이들의 뒷모습을 바라보며 학원이 아닌 성당으로 아이를 보낸 부모들이 일단 고마웠다. 그 다음엔 마음이 따뜻해졌다. 그건 아마도 아이들이 전전하는 학원이나 학교를 막론하고 누군가를 이기고 앞서는 것을 미덕으로 주입받는 아이들에게 다른 이를 돌아보라는 신부님의 주문이 건넬 작은 파장 때문이었을 것이다. 물론 아이들은 틈나는 대로 능력껏 서로 장난치고 딴 짓을 했지만 말이다.

대학에서 강의하는 동료들과 학생들 이야기를 하다 보면 반드시 나오는 레파토리 중의 하나가 요즘 아이들은 개념이 없다는 말이다. 남들을 배려할 줄 모르고 자기 이익에 관계되는 일에는 눈에 불을 켜고 달려들지만 그렇지 않은 일에는 쿨한 무시로 일축해 버린다는 평가들.

그러나 유학 관련 과목을 강의하면서 인간관계나 자기를 돌아보고 남을 배려하는 정신 같은 것을 논하다 보면 학생들은 기대이상으로 이런 논의에 몰입하는 모습을 보여준다. 마음으로 다가가는 문제에 대해 설명하다 보면 자신의 마음도 돌아볼 여지가 생기기 마련일 테니까. 어느 정도는 강의하는 이의 구미에 맞는 반응을 하는 경우도 있을 것이다. 그러나 나는 나의 학생들을 신뢰하는 편이고 그들의 내면에 대한 반성에 진정성이 있다고 읽는다. 여전히 우리 젊은이들은 아름답다. 그리고 그 아름다움을 펼칠 수 있는 계기를 마련해 줄 책임이 어른들에게 있다.

아이가 말귀를 알아들을 만큼만 자라면 부모들은 자녀들을 향해 줄곧 더 잘하고 제일 잘하고 가장 많이 이루는 길에 대해 이야기 한다. 그러다 보면 친구와 나누고 주변 사람들을 챙기고 무엇 보다 자신의 내면을 응시하는 따위의 일들은 우선순위에서 밀려나 있기 십상이다. 이제 아이가 자라 학교에 입학하면 이런 상황은 더 강화되고 굳어진다. 경쟁에서 이기는 것이 최고의 미덕이며 사람 간의 관계에선 갑이 되어야 한다는 강요들이 아이들을 옥죈다. 경쟁에서 상위그룹에 속한 아이들은 그것을 지키기 위해 그렇지 못한 아이들은 상승하거나 포기하는 마음으로 각각 상처를 입는다.

부모나 선생님들에게 듣는 이야기들이 한정되어 있다 보니 예상치 못한 일을 당했을 때의 대처 능력이 원활 할 수가 없다. 그러나 사람의 삶에서 예기하지 않고 찾아드는 일들은 늘 대기하고 있는 것 같다.

중국 고대의 훌륭한 왕으로 꼽히는 순임금은 "묻는 것을 좋아하여 일상의 작은 이야기들을 듣는 것 역시 좋아했다."고 한다. 21세기 리더십 이론을 주도하는 것이 경청의 리더십이다. 이런 최신의 이론을 몇 천 년 전의 한 리더가 이미 실천하였음을 확인하는 일은 재미있다.

    역사에 길이 남은 제왕의 미덕중의 으뜸이 대중들의 의견을 경청하고 어렵고 신비한 이야기가 아닌 그저 주변 생활의 이야기들을 살피는 것에 주목했다는 평가는 결국 이것이 삶을 이루는 근간이라 여겼기 때문이다. 훌륭한 뭔가를 이룬 사람은 대부분 작은 일에도 마음을 잘 쓰는 사람이다. 가족에게 이유없이 거칠게 대하고 주변 사람들에게 함부로 하면서 좋은 지도자가 될 수는 없다.

    일상의 작은 말들과 주변에서 들려오는 이야기들이 한 사람에게 미치는 영향은 지대하다. 그러니 보통 사람들의 일상에 근접해 있는 방송, 부모, 교사들이 정당하고 바르게 혹은 창조적으로 사고할 수 있는 기초를 마련해 주는 일은 대단히 소중하다. 바라건대 기자들의 마이너스 통장 사용이 더 많아지기 전에 문화방송의 노조 파업사태가 바람직한 결실을 맺었으면 좋겠다. 그리하여 우리가 일상에서 가깝게 들을 수 있는 방송의 내용이 바르고 떳떳한 것이길 원한다.

제6장

공자가 말했다. "순임금은 크게 지혜로운 분이신저! 순임금은 묻기를 좋아하고 일상의 작은 이야기들을 듣는 것을 좋아했으며, 악은 숨기고 선을 드러내었고, 일의 양쪽 극단을 잘 이해한 다음 그 중을 대중에게 사용하였으니 이것이 순임금이 그토록 존경받는 인물이 된 이유가 아니겠는가!"

子曰 舜其大知也與 舜好問而好察邇言 隱惡而揚善 執其兩端 用其中 於民 其斯以爲舜乎

이야기 일곱

나만
몰랐다네

남들은 다 알고 나 홀로 비밀. 많은 사내연애 커플들은 자신들이 커플인 것이 알려짐으로써 받게 될 스트레스를 방지하고자 대외비 연애를 시도한다. 그런데 그런 경우 중 태반이 자신들만 비밀로 할 뿐 주변 사람들은 일찌감치 눈치 채고 뒷얘기에 한창인 경우가 허다하다. 어느 집단이든 남들의 연애사와 같은 문제에 민감한 촉수를 가진 눈치 백단의 인물들이 포진해 있기 마련이라서 그들의 레이더망을 벗어나기는 어렵다. 이미 연애당사자임을 빤히 알고 있는 사람들 속에서 아닌 척 딴청을 부리는 둘의 행동은 관전자들에게 무한한 웃음거리를 제공하곤 한다.

    우리 모두 알고 있는 또 다른 비밀 하나. 이 경우는 스스로가 딱히 비밀이라 주장하는 경우는 아니고 단지 너희는 몰라도 돼! 라는 식의 항변에 가까울 것이다. 재임당시부터 머리 벗겨진 걸로 유명했던 전직 대통령의 은행 잔고가 자신의 주장처럼 29만원이라는 말을 믿는 사람은 아무도 없을 것이다. 최근 '5.18 32주년 기념 제8회 서울청소년 대회'에서 서울지방보훈청장상을 수상한 초등학교 5학년 어린이의 '29만원 할아버지'란 시가 화세가 되고 있다. "우리 동네 사시는 29만원 할아버지. 아빠랑 듣는 라디오에선 맨날 29만원 밖에 없다고 하시면서 어떻게 그렇게 큰 집에 사세요? 얼마나 큰 잘못을 저지르셨으면 할아버지네 집 앞은 허락을 안 받으면 못 지나 다녀요? (중략) 얼른 잘못을 고백하고 용서를 비세요. 물론 그런다고 안타깝게 죽은 사람들이 되살아나지는 않아요. 하지만 유족들에게 더 이상 마음의 상처를 주면 안 되잖아요. 제 말이 틀렸나요? 대답해 보세요.(하략)" 그러니 은행 잔고 29만원은 초등학생도 다 아는 그들만의 비밀인 셈인가.

어느 때까지 나는 사필귀정事必歸正이 되지 않는 세상사 때문에 마음의 상처를 안고 불평불만을 늘어놓았던 것 같다. 왜 갖은 악을 자행한 자들이 오래도록 생을 유지하며 그것도 잘 살아가는가. 왜 정의를 위해 자신을 희생한 이들이 말년에까지 어려운 생활고에 시달려야 하는가. 세상은 왜 이렇게 공평하지 않고 힘을 가진 이들 편에만 서는가.

아직 그런 생각에서 완전히 자유로운 것은 아니지만 근간에는 조금 다른 생각을 해보기도 한다. 예컨대 29만원 할아버지가 제아무리 최고급 호텔에서 1억이 드는 손녀의 결혼식을 하고, 육군사관학교 행사에 참여 한다고 해도 그 마음 안쪽에 지옥과 같은자리가 없다면 사람이 아닐 것이고, 만일 사람이 아니라면 사람의 언어가 무슨 소용일 것인가. 이런 것이 결국 사필귀정의 내용에 들어가지 않을까.

제아무리 자기가 떳떳하다고 항변하더라도 변명은 점점 구차해진다. 그렇게 억지스런 행동으로 자신은 위기를 피했다 여길지 모르지만 실은 구덩이에 빠져서 결국 헤어 나오지 못하는 지경으로 떨어지는 게 아닌가. 제 정신을 가진 사람이면 초등학생도 다 아는 이런 일이 바로 지옥이 아닌가.

예로 든 일이 좀 센 것이지만 우리들이 사는 지금의 세상에서 벌어진 일이니 비현실적이라 할 수는 없다. 그러나 좀 더 가까이에 있는 나의 문제로 옮겨와서 생각해 보아도 자신의 판단과 실제 상황과의 간극은 크게 혹은 더 크게 존재하는 일이 허다하다. 이것을 『중용』에서는 "사람들은 모두 '나는 잘 안다'고 주장하나 몰아서 그물이나 함정 속으로 들여 놓더라도 피할 줄을 모른다." 고 표현했다. 자신감을 갖는 것은 반드시 필요한 덕목이다. 허나 그것이 왜곡되고 지나쳐서 자만으로 빠지게 되면 그 다음부터는 이른바 '답이 없는' 상황으로 달려간다. 상황이 이렇게 전개되면 주변을 살피고 다른 이들의 의견을 경청하는 태도는 소극적이며 자신감 없는 것으로 치부하고 무시한다.

일방적인 질주가 시작되는 것이다. 높은 속도감을 즐기다

보면 속도를 늦추기 어려워지고 반드시 멈춰야 한다고 판단되는 지점에서의 제동거리가 길어질 것은 뻔한 일이다. 이건 자동차 운전에만 해당되는 이야기가 아니라 사람의 태도에서도 그대로 적용된다. 공사의 일화 중에 "공자가 태묘에 들어가서는 다른 이에게 매사를 물었다. 어떤 이가 그걸 보고 '누가 저 추나라 사람의 아들을 보고 예를 안다고 했던가! 태묘에 들어와서는 매사를 묻더라.' 공자가 이 이야기를 전해 듣고는 '그것이 바로 예이다.'라고 했다."(『논어』 팔일편 15장)는 이야기가 있다. 황제를 제사하는 종묘에 들어 와서 아무 것도 모르는 것처럼 매사를 물어본 다음에 행동한 공자를 비웃으며 '그는 아무 것도 몰랐다!'고 평가한 어떤 사람의 촌평에 대해 느긋하지만 분명한 일갈이다.

우리 같은 보통 사람이 고수 중의 고수인 공자의 발걸음을 따라가는 일은 매우 어려운 일이나 이런 이야기를 접하면 한 번쯤 스스로를 돌아보게 되는 것도 인지상정이다. 빈 수레가 요란하다 하고 벼는 익으면 고개를 숙인다 했던가. 한 살 한 살 나이를 더해 갈수록 삶에서 더 중요한 덕목은 계량할 수 있는 지식이 아니라 잴 수 없는 지혜라는 데에 방점을 찍게 된다. 그리고 지혜는 단순히 지적인 부분을 계발하는 데에서 얻어질 수 없는 것으로 인격이나 인간에 대한 통찰-나아가 자기 철학을 만들어 가는 과정에서 생산 된다.

자신이 가진 지식이나 권력을 믿고 안하무인으로 내달리다가는 결국 새장에 갇히는 새의 신세를 부러워할 수도 있다. 그러니 이런 질주를 멈춰 줄 수 있는 장치를 마련해야 낭패를 면할 수 있다. 사람은 저마다 특별히 취약한 부분이 있다. 그래서 실수를 하면 십중팔구 '그쪽'에서 터지곤 한다. 누군가에게는 그것이 이성에 관한 일일수도 있고 다른 어떤 이에게는 가족에 대한 문제일수도 있다. 그 취약부분으로 인한 낭패를 살펴보면 주변을 제대로 살피지 못하고 눈앞의 것들에 비정상적으로 집착하다 생긴 경우가 태반이다.

　그러니 중요한 선택의 순간에 스스로 점검해야 할 지표들을 미리 정해 두는 것도 당혹스런 낭패를 최소화할 수 있는 방법이 될 수 있을 것이다. 그렇다 하더라도 낭패가 없는 세상에서 살 수 있는 날은 그리 쉽게 찾아오지 않을 것이 분명하다. 그러나 이번이 저번 보다 좀 나아지고 다음은 이번 보다 좀 더 발전 할 수 있다면 최선이 아닌가.

제7장

공자가 말했다. "사람들은 모두 '내가 잘 안다'고 주장하나 몰아서 그물이나 함정에 들여 놓아도 그것을 피할 줄 모른다. 사람들은 모두 '내가 잘 안다'고 주장하나 중용을 선택하여 한 달 동안 지키는 것도 할 수 없다."

子曰 人皆曰予知 驅而納諸罟擭陷阱之中而莫之知也
人皆曰予知 擇乎中庸而不能期月守也

- 고확罟擭: 그물 고, 덫 확. 그물과 덫
- 기월期月: 한 달

이야기 여덟

완물상지 玩物喪志

남녀노소 없이 열에 아홉은 스마트폰과 같은 IT기기에 코를 박고 있는 것이 요즘 지하철 안의 진풍경이다. 청소년에서 이삼십 대의 젊은이들은 물론이고 장년층의 많은 이들도 스마트폰 액정에 시선고정이거나 이어폰을 통해 무언가를 듣고 있다. 심지어 동행이 있더라도 사람보단 스마트폰! 각각의 볼일을 보느라 서로 딴청이다. 사정이 이렇다 보니 원래 사람 간의 커뮤니케이션을 목적으로 생산된 기계가 실제로는 소통의 장애가 되는 아이러니랄까.

이런저런 황홀한 기계들에 매혹되어 정신을 못 차리는 현실을 자각하는 순간에는 그만큼 서늘한 느낌이 함께 온다. 물건에 마음을 빼앗겨 정작 챙겨야 할 중요한 것을 버려두고 있는 중은 아닌가.

완물상지玩物喪志라는 말이 있다. 물건을 갖고 놀다가 뜻을 잃어버린다는 말로 물신주의에 빠지는 것을 경계하는 말이다. 옛날 주나라 무왕의 신하 소공은 "사람을 가지고 놀면 덕을 잃고 물건을 가지고 놀면 뜻을 잃는다.[玩人喪德 玩物喪志]"는 말로 무왕을 경계하였다. 이에 무왕은 물질적 욕심에 빠지지 않고 선정을 베풀 것을 다짐했다고 했던가. 좋은 정치를 했다고 평가 받는 사람의 곁에 이런 사람들이 존재했던 일은 우연이 아닐 것이다.

21세기 한국 정치인들의 곁에도 바른 길을 조언할 수 있는 좋은 사람이 존재했다면 지금과는 다른 양상이 되었을까. 실은 무왕이 그런 조언을 받아들일 수 있는 역량이 되었기에 조력자의 존재와 역할이 빛날 수 있었을 것이다. 그걸 알지만 스스로 돌아보지 못하면 옆에서라도 일러 주는 이가 있어야 하는데 이도저도 아니니 나라 사정이 더욱 어려워지는 것이 아닌가. 오랜 가뭄으로 온 나라가 메말라있는 2012년 유월. 가뭄 해갈이 큰 힘이 될 것이라 호언장담했던 사대강 사업이 오히려 피해를 가중시키고 있다는 보도를 접하며 부아가 치미는 것을 누를 수가 없다.

동서고금을 막론하고 언제나 기성세대의 눈에 신세대는 건방지고 한심했으며 어느 시대 어느 사회도 문제가 없는 때는 없었다. 단지 자신이 살고 있는 시대의 문제는 당면한 현안으로 생생하게 대면하고 있다는 점에서 살아있다. 그래서 자기 시대의 문제는 어느 것보다 큰 부피로 다가올 수밖에 없다. 나는 우리 시대가 지닌 문제의 핵심을 '수렴이 없는 발산에 치중한 취향'이라 정의한다. 문제의 근저에는 스스로를 돌아보지 않는 습성이 자리하고 있다는 말이다.

조선시대 유학자 이황은 철학자, 정치가로서 16세기 한국 지성을 대표하는 유학자다. 이황은 후배학자인 기대승과의 사단칠정논쟁을 벌인 당사자로도 유명하다. 사단칠정논쟁은 착한마음인 사단(측은지심, 수오지심, 사양지심, 시비지심)과 감정 전체를 포괄하는 칠정(희노애락애오욕)을 성리학의 이기론으로 설명하는 방식을 놓고 벌인 토론이었다. 여기서 그 논쟁의 복잡한 내용 전말을 설명할 겨를은 없다. 다만 당대 최고의 지식인으로 명망이 높았던 원로가 신진학자의 반론을 정중하게 받아서 장장 8년 동안 서로의 의견을 교환하였다는 사실만을 지적해 본다.

예나 지금이나 동서양을 막론하고 행세 꽤나 한다는 사람들은 자신의 권위를 권력으로 삼아 자기보다 영향력이 없는 이들의 의견을 무시하는 일이 다반사다. 그만큼 권위에 도전하는 일은 비현실적인 일이다. 내게는 이황과 기대승의 논쟁이 그 철학적 내함보다 이런 보통의 현실을 넘어서 있는 사건이란 측면에서 더 의미있게 다가온다.

이런 그릇을 가진 이들이 나라의 어른으로 존재하였기에 조선은 그 사회의 건강함을 지킬 수 있었다. 그리고 이런 아름다운 어른은 거저 하늘에서 떨어지는 것이 아니라 스스로의 노력이 이룬 결실일 터이다. 이황의 성실한 학문 태도와 그 결과로 내 놓아진 학문성과들이야 널리 알려져 있지만 그 중 이 순간에 특별히 기억되는 것은 『자성록』이다. 이 책은 스스로 돌아보고 경계로 삼을 만한 내용들을 모은 글이다. 이런 반성이 가능했기에 그의 인간성이 그렇듯 크고 깊어졌으리라는 헤아림 때문이다. 자성록이라는 책 제목을 들으면 로마 황제이자 철학자였던 마르쿠스아우렐리우스의 명상록이 떠오른다. 이 책의 원제는 '타 에이스 헤아우톤 Τὰ εἰς ἑαυτόν'인데 이는 '자신에게 이야기 한 일'이란 의미란다.

스스로를 돌아보고 스스로에게 말한다는 것은 타인에게 고함 보다 훨씬 울림이 크다. 잘되면 자기 탓이고 잘못되면 남의 탓으로 돌리고 싶어 하는 보통 사람의 어리석음은 자기를 돌아보지 못해서이다. 이런 어리석음을 조금이라도 만회하기 위해 내가 선택한 일은 일기쓰기다. 작심삼일이 한계인 나이지만 그래도 매일 다시 생각하다 보면 그 시효가 조금은 연장될 수 있지 않겠느냐는 기대를 살짝 얹힌 작업이다.

오전에 연구원 출근하여 처음 하는 일이 일기쓰기인데 나는 여기에 채 삼십 분을 넘지 않는 짧은 시간을 할애한다. 그러나 책을 읽고 글을 쓰며 강단에 서는 자로서의 매무새를 돌아보는 그런 사소한 시간이 결코 사소함으로 끝나지 않으리라는 믿음이 있다. 이제쯤은 내가 가진 한계를 스스로 잘 알고 있기에 역량을 넘어서는 무리한 욕심을 내는 일은 드물다. 그보다는 게으름으로 향하는 속살거림이나 귀차니즘 같은 항목들이 주 타겟이다. 내가 만나는 상황들에 마음 없이 건성으로 대충 다가가는 것만은 피하자고 자신을 다독이는 것이다.

이렇게 하다 보면 잠시라도 내 생활의 거의 구석구석에 대해 생각해 볼 기회가 생긴다. 이런 아침의 성찰은 늘 습관처럼 지니고 싶은 일이다. 공자는 자신이 가장 사랑했던 제자 안회가 "가치 있는 것을 얻으면 매우 성실하게 가슴에 새겨서 잃지 않았다."고 칭찬했다. 나는 복응服膺이라는 말을 가슴에 새긴다고 풀었다. 가슴에 새기는 일은 매우 견실하게 내면에 받아들이는 행동을 표현한다. 깊이 새길수록 더 오래 그리고 더 넓게 활용할 수 있다. 멋진 표현이 아닌가.

소통을 위한 기계가 소통을 방해하고, 학교는 대학입시의 대기실처럼 되어있고, 언론이 제 기능을 못하고, 나라의 살림을 책임 진 자들이 개인의 욕심 채우기에 골몰하는 현실의 문제들. 이들은 각각 서로 다른 문제이지만 같은 원인을 내재한 것이기도 하다. 겉으로 드러나는 피상적 성과들만 욕심껏 주목하고 현상 속에 들어 있어야 할 근원에 대한 고민이 없다는 면에서 그렇다. 수렴이 없는 과장된 발산.

내 마음가짐이나 혹은 문제의 내면에 들어 있는 이치를 통해 가슴에 새기고 지킬만한 것에 대한 사색과 실천의 문제를 환기한다. 모래위에 지은 성으로 인생을 건축하고 싶은 마음이 없는 관계로.

제8장

공자가 말했다. "안회의 사람됨은 중용을 선택하여 하나의 가치 있는 것을 얻으면 성실하게 가슴에 새겨두고 잃지 않았다."
子曰 回之爲人也 擇乎中庸 得一善則拳拳服膺而弗失之矣.

---

* 복응服膺: 교훈 같은 것을 늘 마음에 두어 잊지 않음. 가슴속에 품어 둠.

이야기 아홉

내 삶의
의미

국가를 개인의 수익모델로 삼았다는 비판을 받는 대통령을 둔 국민은 행복하지 않다. 자리가 사적 영역을 넘어 공공의 이익을 대변해야 하는 대표자는 특히나 철학이 있는 사람이어야 한다. 개인의 욕구를 조절할 수 있는 인격과 그것을 도와주는 기구를 활용할 수 있어야 한다. 그래야 많은 사람들이 행복할 수 있으니 리더의 자질은 절실하게 중요하다.

   사람의 욕심이란 한을 정하기 어렵다. 많이 가진 이는 더 많이 갖고자 안달이고 갖지 못한 사람은 최저생계비라도 확보하고자 안간힘을 쓴다. 특히 물건이나 사람에 대한 집착에서 그러하다. 아무리 사람의 욕심이 자연발생적이라 해도 예컨대 우리나라 최고 부자 집안 형제들의 재산분쟁 뉴스를 보면 돈 많은 것이 결코 부럽지 않다. 세상에서 가장 가까워야 할 육친 사이의 우격다짐이라니.

물건을 둘러싼 크고 작은 욕심과 다툼은 우리가 사는 세상에서 일상적으로 벌어진다. 이런 갈등은 물건에 한정되지 않는다. 근간에 나로 말하면 사람에 대한, 특히 친하다 여기는 이들에 대한 회의로 상처를 받고 있다. 그런데 감정을 걷어내고 돌아보면 결국 상대에 대한 요구가 내 기준에 맞추어져 있는 데에 그 원인이 있는 것 같다. 그로서의 그가 아니라 내가 원하는 그의 상이 견고했던 것 같다. 한편으로 나는 이만큼이나 어렵고 힘이 드는데 그는 왜 나를 헤아려서 같이 걸어주지 못할까. 왜 방관자처럼 모르는 사람처럼 저만치에 서 있는가. 섭섭하고 화가 난다.

그런데 아마 그쪽 입장에서 보면 나를 배려하는 조심스러운 행보였을 수도 있고 혹은 내가 생각하는 것만큼 그는 내 가까이에 있는 사람이 아닐 수도 있다. 어떤 쪽이라도 참 외롭다, 인간! 이런 인간의 심리를 간명하게 파악하고 세상을 '괴로움의 바다'라고 설파한 석가모니의 세계관은 지극히 현실적이다.

불교에서는 고통의 종류를 매우 다양하게 분석하고 있는데 가장 기본적인 규정은 네 가지 고통, 생로병사이다. 누구인들 생로병사에서 자유로울 수 있는가. 팔고는 생로병사에다 구하는데 얻지 못하는 고통[求不得苦], 사랑하는 이들이 이별하는 고통[愛別離苦]. 증오하는데 같이 있어야 하는 고통[怨憎會苦], 인간을 구성하는 다섯 가지 요소가 성하게 작용하는 데서 오는 존재의 근원적 고통[五蘊盛苦]을 말한다. 이러한 고해의 세상에서 벗어나려면 해탈을 해야 하는데 그게 보통의 인간에게 가당한 일일까.

불교의 고통론을 보더라도 고통의 핵심 원인은 원하는 대로 얻지 못하는 것에 있다. 인간의 욕구는 무한하나 그 실현은 미미하니 말이다. 정도의 차이가 있을 뿐 어떤 인간도 이 정의를 벗어나기 어렵다. 그런데 이런 욕구들 보다 한 수 위에 있는 것이 중용의 실천이라니. 공자는 "천하 국가도 고르게 다스릴 수 있고, 벼슬이나 돈도 사양할 수 있으며 시퍼런 칼날도 밟을 수 있지만 중용은 할 수 없다."는 어마어마한 말을 하였다. 중용을 행한다는 것이 그렇게 어려운 일인가. 단지 치우치지 않고 기울어지지도 않은 공정한 선택일 뿐인 중용이 앞의 그 어려운 난제들 보다 더 힘들다고?

천하국가를 잘 다스린다는 것은 개인의 욕심을 접어두고 공공의 이익과 안녕을 우선으로 놓고 정치를 할 수 있는 인격자이며 능력자여야 가능한 일이다. 그런데 이것도 문제없이 할 수 있단다. 이건 21세기의 우리도 오매불망 원하지만 얻지 못하는 현실임은 이미 지적한 바 있다. 두 번째 항목의 벼슬이나 돈이란 곧 명예와 부이다. 얼마나 많은 이들이 이것을 쫓아 불구덩이에 뛰어드는 불나비 같은 행보를 하였던가. 국회의원이 되겠다고 돈으로 산 학력과 경력으로 자신을 위장하고 돈봉투로 표심을 산 몰염치한 어른들이 한둘이었나. 불법을 자행하고서라도 사고 싶은 것이 명예였던 것이다. 그런 불법이 아니더라도 우리는 늘 우리 중의 최고라는 찬사를 고대한다. 등산은 우리 중에 누가 제일이다. 노래라면 우리 중에 그가 최고이고, 운전은 단연 누구고, 바둑이라면 말할 것도 없이 누구고 하는 식의 평가에 초연할 사람이 몇이나 되겠는가.

돈은 더 말할 것도 없다. 우리시대에 돈이 되면 무슨 일이든 하고 돈이 되지 않으면 어떤 일도 안한다는 가치관은 희귀한 것이 아니다. 대학의 구조조정에도 시장경제의 논리가 뚜렷하게 중심축을 이루고 있지 않던가. 그렇게 모든 이들이 자본을 추종함에도 불고하고 재화는 상위 1%에게 집중되어 있는 아이러니한 현실이 문제일 뿐이다.

명예나 돈을 좋아하는 사람들의 심리는 이천 오백 여 년 전 공자의 시대나 오늘이나 별반 다르지 않다. 단지 오늘의 세상은 인간들의 욕구를 충동하는 수 많은 정보에 모든 사람들이 노출되어 있는 반면 그 수혜를 받을 이들은 예전처럼 혹은 그보다 적은 숫자로 한정되어 있다는 것이다. 그런 면에서 보면 현대는 더 가혹한 시절일지도 모른다.

세 번째 항목으로 든 것은 위험한 상황에 투신하는 문제이다. 시퍼런 칼날을 밟는 것과 같은 극한 상황이라도 모종의 목적을 위해 투신할 수 있는 성향의 인류가 있다. 식민지 시대에는 나라의 독립을 위해 자신을 내던진 이들이 있었고, 얼마 전에는 한 여성 노동자가 고공의 클레인에서 309일간 농성을 한 예를 보았다. 자신의 몸을 위험한 상황에 던지는 일은 아무나 할 수 있는 일이 아니라서 나로서는 장담하기 어려운 일이다. 그러나 그런 사람들은 어느 시대에나 존재했었던 것도 사실이다.

공자는 중용의 선택이 어렵다는 것을 보여주기 위해 인간에게 정말 어려운 세 가지 문제를 거론하였다. 그런 난제들도 중용 앞에서는 작아진다는 식으로 말이다. 나라를 잘 다스리고 부와 명예에 초연하며 기꺼이 위험을 감수할 수 있는 역량은 쉽게 얻어지지 않는다. 수많은 학습과 경험이 필요할 것이고 인내와 겸손을 쌓아야 가능할 것이며 부단한 심신의 수련도 요구된다. 그러니까 이 세 가지 항목을 실현하기 위해 노력하고 일정한 성취를 거두는 것으로도 성공한 인생의 반열에 들 것이 분명하다.

그런 것들을 넘어서서 아니면 그러한 일들을 할 수 있는 전제로서 사람의 내면에 들어 있어야 할 덕목이 있다. 그것은 마음가짐을 균형 있게 유지하고 그러한 마음을 적절하게 발휘할 수 있는 능력이다. 이는 바로 중용을 지키는 길이다. 나의 감정을 제대로 해석하고 상대의 감정을 바로 이해하며 그 둘이 만나야 하는 최적의 지점을 찾아내는 눈. 한 사태에 내재된

다양한 문제들을 똑똑하게 인식하고 그 때에 가장 적절한 해법을 내어 놓을 수 있는 균형 있는 자세.

    이러한 시선과 자세는 생의 어떤 길목에서나, 삶의 어떤 장면에서나 모두 적용되어야 한다. 그러니 이것은 끝도 시작도 없는 세상의 시계, 그 거대한 흐름 속에서 지켜져야 할 것이다. 어제는 미덕이었던 것이 오늘은 제일 먼저 제거해야할 병폐가 되기도 할 것이다. 마치 나침반의 바늘처럼 종결 없이 방향을 달리할 때마다 다른 곳을 가리켜 내야 한다. 그래서 공자는 사람들이 가장 어렵게 여기는 문제를 한 수 밑의 예로 삼고서 중용의 선택이 얼마나 어려운 문제인가를 보여주었다.

제9장

공자가 말했다. "천하국가를 공평하게 다스릴 수도 있고, 벼슬과 돈을 사양할 수도 있으며, 시퍼런 칼날을 밟을 수도 있지만 중용의 선택은 완전할 수 없다."

子曰 天下國家 可均也 爵祿 可辭也 白刃 可蹈也 中庸 不可能也

이야기 열

매의 눈
정도면
충분해

무사들의 세계를 다룬 영화에서 진정한 무림의 고수로 묘사되는 인물은 우락부락한 근육질이기보다 온화하게 보이는 인물인 경우가 많다. 그건 수준 높은 무협은 단순히 힘만으로 결정되지 않는다는 상징일 것이다. 그저 호리호리한 몸매에 크지 않은 음성에다 매서운 눈매를 가졌다는 정도로 충분하다. 아무렇지 않은 듯 존재하나 변화를 감지하는 놀라운 촉을 지니고 그 변화에 즉각적으로 대응하는 정도로 고수의 급수가 매겨진다.

무림의 협객이 아니라 우리 일상의 세상에서도 진정 강해 보이는 이는 다혈질의 성마른 사람이 아니다. 그런 사람은 소나기 피하듯 잠시 비켜서 있으면 되는 경우가 많으니까. 목소리는 낮으나 자신감이 들어 있으며 조목조목 논리로 설득하는 사람을 당할 수가 있겠는가.

공자가 현실적 출세를 못하고 말년에 선택한 길은 제자들을 기르는 일이었다. 공자는 배움에 대한 최소한의 예를 갖춘 이는 모두 제자로 받아 주었다. 그러니 문하의 제자들이 꽤나 많았을 것이다. 기록에 의하면 공자의 제자들은 수천 명이었고 그 중에 뛰어난 사람을 꼽으면 칠십여 명에 이른다고 한다. 『논어』 선진편에는 그 중 열 명의 제자가 소개되었는데 사람들은 이들을 공문십철이라 부른다.

공문십철은 덕행이 뛰어난 안회·민자건·염백우·중궁, 언변이 좋은 재아·자공, 정치적 능력이 뛰어난 염유·계로(자로), 문학의 재능이 뛰어난 자유·자하이다. 그런데 여기에 공자가 아낀 제자 증삼이 들어 있지 않고 정치, 언변, 문학 등의 분류 방식이 공자의 평소 의견과 맞지 않기 때문에 이 문장이 공자의 말이 아닐 것이라는 해석도 있다. 그러나 여기서 거론된 제자들이 모두 공문에서 주요한 인사들임에는 틀림이 없다.

이들은 지닌 능력이 다를 뿐 아니라 그 성격도 사람 수 만큼 달랐다. 현실의 사람이라면 당연히 그럴 것이다. 공자의 교육 방법 중의 대표적인 것이 이렇게 다른 개성을 지닌 제자들에 대한 맞춤식 교육이었다. 예컨대 효에 관한 질문을 받았을 때 그 질문을 한 사람의 성향에 맞추어 누구에게는 건강의 중요성을 역설하고 다른 사람에게는 자신의 행선지를 반드시 부모에게 밝히라고 하는 식이다. 오늘날 가장 선진적인 교육

이론에 속하는 방식을 이미 실천으로 보여준 셈이다.

공자의 제자 중 자로는 성격이 급하여 행동이 앞서는 성향을 가졌다. 그래서 그는 공자의 제자 중 용감한 것으로 이름이 났다. 이 사람이 어느 날 공자에게 강함에 대해 질문한다. "강함이란 무엇을 말하는지요?" 내심 자신의 용감함을 칭찬받고 싶어 하는 자로의 속내가 보여서 슬며시 웃음이 난다.

자로의 이 질문에 대해 공자는 작정하고 자로의 부족함을 지적하는 동시에 좀 더 진화된 세계를 펼쳐 보이는 이야기를 해 준다. 공자에 따르면 세상에는 두 가지 종류의 강함이 있단다. 하나는 군자가 지향하는 강함으로 너그럽고 부드러움을 기본으로 하며 아무렇게나 마음 내키는 대로 행동하지 않는다. 두 번째는 항시 무장태세로 살면서 죽음을 불사하는 강함이다. 그런데 네가 강하다고 자랑하고 싶은 것은 두 번째 경우잖아! 이건 그 앞의 것 보다 한수아래거든. 네가 자랑하고 싶은 것도 일리는 있지만 한 수 위의 경지가 있으니 그쪽으로 나가 보렴!

결국 공자는 진정 강함은 한쪽으로 치우치지 않고 조화를 유지하는 데에서 찾아질 수 있다는 중용의 도를 이야기했다. 중용이야 말로 어떤 상황도 무리 없이 잘 해결할 수 있는 최선의 방법이라는 말이다. 강함이 어떤 사태를 장악하고 해결하는 데에서 발휘되는 능력이라면 역시 이것이 최선의 대안인 셈이다.

나는 수시로 자신과의 약속을 지키지 못하고 타인과의 관계에서는 변방에 몰리고 있다는 데에서 오는 자괴감과 마주한다. 그럴 때마다 가끔은 나도 강한 사람이었으면 좋겠다고 희망한다. 실은 강함에 대한 분명한 규정 없이 막연하게 사태를 장악하고픈 욕심에서 나온 바람일 가능성이 크다.

공자의 이야기를 들으면 내게 모호하게 있던 어떤 사유들이 실질적인 자리에서 정리되곤 한다. 강함이란 너그럽고 부드러운 심성을 기르는 것에서 시작되는 것이구나. 진정한 강함이란 힘으로 보복하는 것이 아니라 인격으로 압도하는 것이구나. 이런 것이야 말로 인간의 품격을 논할 수 있는 이야기 거리가 아닌가!

품격 있는 인간이 결국 이기는 거네!

허나 무림의 고수가 하루아침에 탄생할 수 없는 것처럼 그런 인간의 품격이 어디 한 순간에 만들어 질 것인가. 그럼 어떻게 그 길로 접어들 수 있는가. 이는 공중을 나는 듯이 공중부양을 해대는 고수들의 수련이야기에서 실마리를 찾을 수 있다. 높은 담을 펄쩍 뛰어 넘는 신공은 역시 하루아침에 나온 것이 아니다.

작은 묘목을 심어 놓고 그 나무를 뛰어 넘는 연습을 한다. 어린 나무였을 동안에 그 나무를 뛰어 넘는 일은 아무렇지도 않게 수월한 과제이다. 그런데 나무는 하루하루 자란다. 수련도 매일 지속한다. 그리 되면 하루하루 조금씩 높아지는 나무만큼 높이뛰기의 수준도 높아진다. 하루아침에 높다란 나무를 뛰어 넘을 수는 없으나 낮은 데서 시작하여 하루하루 점차 높이를 키워가는 수련을 통해 드디어 높은 담장을 펄쩍 뛰어넘는 순간과 만난다.

　이처럼 품격 있는 인간이 되어 진정한 강자가 되기 위한 길도 작고 사소한 데에서 시작되어야 한다고 설명할 수 있다. 그러니 크고 강한 것을 갖기 위해 불법을 자행하는 사람은 이미 자격미달이다. 따라서 어떻게 하든 일등만 하면 된다는 가르침이 시작되는 데에서 벌써 진정한 강자의 이미지는 페이드아웃fade-out이다.

　청소할 때 먼지가 나면 좋지 않으니까 물을 뿌리서 주위를 배려하고 어른이나 친구들이 부르면 잘 대답하는 예절에서부터 교육을 시작했던 옛 사람들의 방식이 오늘도 주효하다. 사람 관계에서 지켜야 할 기본 에티켓을 지녀야 타인에 대한 이해와 배려가 가능하다. 학습에서의 일등을 강조하기 전에 이런 기초교양에 대한 선수학습이 필요하다. 그리고 이런 인간으로서의 기본기를 갖춘 사람이어야 어떤 자리에서 무슨 일을 하든 좋은 리더로 성장할 잠재력을 지닐 수 있다.

　어린 시절의 사소한 교육에서부터 품격 있는 강자에의 수련은 시작된다.

제10장

자로가 강함에 대해 물었다.
子路 問强

공자가 말했다. 남방의 강함을 말하는가 북방의 강함을 말하는가 아니면 자네의 강함을 이야기 하는가?
子曰 南方之强與 北方之强與 抑而强與

너그럽고 부드러움으로 가르치고 무도함으로 보복하지 않는 것은 남방의 강함으로 군자가 거기에 거한다
寬柔以敎 不報無道 南方之强也 君子 居之

병장기와 갑옷을 깔고 자면서 죽음도 꺼리지 않는 것은 북방의 강함이니 강하다고 주장하는 사람이 거기에 거한다.
衽金革 死而不厭 北方之强也 而强者 居之

그러므로 군자는 잘 조화를 이루지만 한 쪽으로 흘러가지 않으니 강하도다 굳셈이여! 중용의 자리에 서서 기울어지지 않으니 강하도다 굳셈이여! 나라에 도가 있으면 어려웠을 때 지키던 것을 변치 않고 지키니 강하도다 굳셈이여! 나라에 도가 없으면 죽음이 이르더라도 변하지 않으니 강하도다 굳셈이여!

故君子 和而不流 强哉矯 中立而不倚 强哉矯 國有道 不變塞焉 强哉矯 國無道 至死不變 强哉矯

- 억抑: 누를 억. 어조사. 여기서는 어조사로 쓰였다.
- 이而: 말이을 이. 주로 접속사로 쓰이지만 여기서는 이인칭으로 쓰였다. 너 여汝자와 같은 의미.
- 화이불류和而不流: 잘 조화를 이루지만 한편으로 치우쳐 흐르지는 않는다. 중용의 도를 실천하는 상태이다. 『논어』에 나오는 화이부동和而不同, 주이불비周而不比와 유사한 개념이다.

인정
욕구

인터넷 세상의 우스개 말에 악플 보다 무서운 건 무플이라는 말이 있다. 악플은 한자 惡자와 영어 reply를 합친 말로 악의적인 댓글을 의미한다. 일부 네티즌들의 악플 공세가 어떤 유명 연예인의 정신질환을 유발했다거나 심지어 자살을 유도하기도 했다는 기사가 종종 뉴스가 된다. 대면하지 않는 공간이라 해서 무책임하게 입에 담을 수 없는 욕설을 대량 살포하는 것에서 카타르시스를 느끼는 사람들이 적지 않다는 말이다.

    분명한 근거를 지닌 말이라도 타인의 아픈 데를 찌르는 이야기는 주저하는 것이 인지상정이다. 그런 보통의 감정을 저버릴 수 있도록 하는 공간이 인터넷 세상이다. 심각하게 명예를 훼손당했거나 욕설이 낭자한 댓글로 고통을 당한 이가 견디다 못해 사법 당국에 고발하면 경찰은 아이피 추적을 통해 악플러를 가려낸다. 많은 경우 현실 세상에서 너무 평범한 사람이거나 심지어 어린이가 악플의 주범으로 드러나기도 한다. 어이없는 일이다.

누구는 그 말 때문에 정신질환을 앓아야 할 지경에 처했는데 그 원인 제공자는 천연덕스럽게 자신이 한 일조차 잊어버린 순진무구한 얼굴의 어린이라니. 인터넷 세상의 어두운 면이다. 암튼 요즘 사회문제 중의 하나는 다양한 매체를 통한 SNS의 댓글문화임에 틀림이 없을 것 같다. 재미있는 것은 한 사람을 피폐하게 만들 수 있는 악플보다 무서운 것이 아무런 반응이 없는 무플이라는 농담이 유통된다는 사실이다.

돌아 선 애인을 향한 가장 잔인한 복수는 깨끗이 잊어서 무심해지는 것이라 했던가. 사람이 사람을 향해 할 수 있는 가장 심한 대우는 마치 상대가 없는 존재인양 무시하는 것이라는 말이다. 그러니 무플이 악플 만큼 사람을 힘들게 하지는 않을지라도 자기 존재를 인정받지 못함에서 오는 설움은 호환마마보다 무서운 현실일 수 밖에 없다. '악플 보다 무플'이란 말은 존재를 인정받지 못하는 괴로움을 상징하는 우스개인 셈이다

미국의 심리학자인 매슬로우는 인간의 욕구를 다섯 가지 단계로 설명하는 욕구위계이론을 말했다. 인간의 욕구는 낮은 단계에서 높은 수준의 욕구에 이르기까지의 위계가 존재하며 낮은 단계의 욕구가 충족되어야 그 이상의 욕구를 충족시킬 수 있다는 이론이다. 그 위계는 생존Physiological 욕구 – 안전safely

욕구 – 소속bolonging and love 욕구 – 자아존중esteem 욕구 – 자아실현self-actualization 욕구이다.

여기서도 사랑받고 존중 받는 욕구는 상위의 욕구로 설명되고 이것이 충족되지 못한 사람은 행복감을 느낄 수 없다. 사회적 동물이라는 존재의 특성을 지닌 사람에게 이는 너무 당연한 말이다. 특별한 날 예쁘게 꾸민 나를 칭찬하는 말이 없으면 서운하기 마련이다. 공들여 완성한 기획안이 좋은 평가를 받지 못하거나 무시당하면 누구인들 의기소침하지 않겠는가.

보통 자신감이나 성취감은 주위의 평가에 기인한 경우가 많다. 어떤 방면에 좋은 능력을 가진 이라고 해서 다 사회적 성공을 거두는 것은 아니다. 그러니까 사회적 성공을 이룬 사람이 반드시 동료보다 월등한 실력을 가졌다하기도 어렵다. 여러 상황들이 현실적 성취를 도와준다. 우연찮게 좋은 자리에 서게 되면 주위의 평가는 더 좋아지고 이에 따라 능력이나 성과도 부가가치를 얻을 수 있을 것이다. 칭찬은 고래도 춤추게 한다는 말이 공감을 얻는 이유이다.

그러므로 주변의 우호적인 평가는 한 사람의 성취에 막강한 영향을 미칠 수 있다. 그런데 유학의 논의들은 이런 세상의 평가를 한 단계 넘어서는 지점을 상정한다. 시작은 인지상정에서 출발하여 한 단계 높은 지점을 바라보라는 주문이다. '사람은 누구나 잘못하고 실수 할 수 있다. 그리고 자신의 실수는 나쁜 인상을 줄 수 있는 근거가 되므로 감추고 싶어 하는 것이 사람의 보통 마음이다. 그렇지 않은가? 그런데 잘못 했을 때 자신의 잘못을 떳떳하게 밝히고 그것을 고치려는 태도는 어떨까? 잘못을 숨기고 전전긍긍 하느라 다른 일도 그르치는 일은 어리석은 행동이고 발전적이지 못하니 말이다.' 라는 식이다.

잘못하면 안돼! 가 아니라 잘못했을 때 그것을 인정하고 고치려는 용기를 말하였다. 인정욕구에 대해서도 "다른 이가 알아주지 않아도 성내지 않는다면 또한 군자가 아닐까?"(『논어』학이편)라고 했다. 나는 이 문장을 '남들이 알아주지 않으면 화나고 섭섭한 게 당연해. 그러나 거기서 한 걸음 나아가 보는 것은 어떨까? 자기 스스로에게 떳떳하면 타인의 평가를 넘어서는 힘을 얻을 수 있지 않을까?'라고 이해한다.

그러니까 인정 욕구 자체를 부정하기보다 그것을 넘어서는 차원을 논의의 지평으로 삼고자 했던 것이다. 유학사상의 가장 큰 특징이 현실 중시의 태도임은 두말이 필요 없다. 단지 유학에서 이야기하는 현실은 단순히 인지상정의 차원에 머무는 것이 아니라 한 단계 높은 격의 현실을 지향했던 점을 부연해야 한다. 격조 있는 인간이 되고자 했다는 이야기다.

이런 품격이 돈이나 힘으로 살 수 없는 것은 자명한 일이다. 운전을 하다 보면 별의별 경우를 많이 본다. 반드시 기다려야 할 데서 삐져나와 급하게 앞으로 치고 나간다든지 양보해야 할 상황인데 죽어도 그럴 수 없다고 몸부림치며 비키지 않는 등 그 경우가 수를 헤아리기 힘들다. 특히 비싸고 좋은 차를 가진 운전자들이 막무가내식 운전을 하는 경우가 적지 않다. 가진 차가 아무리 좋으면 무슨 소용인가. 그 주인의 격이 그리 천박하다면.

그래서 지나치게 돈을 숭상하는 오늘에도 인간의 품격을 논하는 유학의 사유는 여전히 의미 있는 시사를 준다. 인간의 정당한 욕구는 어떤 방식이어야 하는가를 묻는 문제와 연관된 측면에서 그러하다.

공자는 "군자는 중용에 의거하여 세상을 벗어나서 사람들이 알아주지 않는 상황에 놓이더라도 유감이 없으니 이는 오직 인격적으로 훌륭한 사람만이 할 수 있는 일이다."라고 했다. 다른 이의 인정을 떠나 스스로가 인정할 수 있는 삶의 가치를 지킬 수 있는가를 묻는 이야기이다. 모종의 타협을 하면 좋은 직업과 높은 연봉을 얻을 수 있고 그에 따라 사람들에게도 능력 있는 사람이라는 호평을 받을 수 있다. 그러나 그 타협이 자신의 기준에서 공정한 룰을 어겨야 하는 것이라면 기꺼이 포기할 수 있는 힘이 있는가? 보통의 사람이 감당하기 어려운 지점에 틀림이 없다.

공자의 주장은 사람들에게 자기 선택에 대한 성찰을 요구한다. 지금 그 결정이 최선인가. 스스로의 마음에 비추어서 떳떳할 수 있는가. 삶에서 정말 중요한 것은 무엇인가. 그 길을 잘 가고 있는 중인가.

제11장

공자가 말했다. "숨겨진 것을 찾고 괴이한 일을 행하면 뒷사람들이 이야기거리로 삼을 만하겠지만 나는 그런 일을 하지 않겠다.
子曰 素隱行怪 後世 有述焉 吾弗爲之矣

많은 학자들이 도를 따라 행하다가 중도에 그만두지만 나는 그만 둘 수가 없다.
君子 遵道而行 半途而廢 吾弗能已矣

군자는 중용에 의거하여 세상을 벗어나서 사람들이 알아주지 않는 상황에 처하더라도 유감이 없으니 이는 오직 인격적으로 훌륭한 사람만이 할 수 있는 일이다."
君子 依乎中庸 遯世不見知而不悔 唯聖者 能之

- 색은행괴素隱行怪: 원문의 소은행괴素隱行怪에서 소자는 색자가 잘못된 것이다. 색은행괴는 숨겨진 일을 찾고 괴이한 일을 행한다는 말이다. 유학사상은 보통의 일상을 주제로 성찰하는 학문임을 강조하기 위해 인용한 말이다.
- 불견지不見之: 여기서 볼 견見자는 당하다는 의미의 피동사로 쓰였다. 그래서 알아주지 않는다는 뜻으로 해석하면 된다.

이야기 열둘

가족 또는 식구

나를 제외한 네 명의 형제들에게서 난 나의 조카들은 돌이 안 된 아기에서부터 결혼하여 곧 엄마가 되는 첫 조카까지 모두 아홉이다. 내게 아이가 없어서 더 그렇겠지만 조카들에 대한 애정이 남다른 편이다. 첫 조카는 처음이라서 마지막 조카는 마지막이라서 식으로 각각이 각별하지만 아무래도 한동안 같이 살았던 아이들과의 정이 도탑다. 같은 공간에서 식구로서 지내는 것에서 만들어지는 친밀감은 자연스럽게 몸으로 마음으로 스며드는가 보다.

 같은 공간에서 살지 않았으면 딱히 나빠질 관계가 아닌데 가족으로 살아서 더 안 좋아진 경우도 없지는 않을 것이다. 이 경우도 서로에게 기대하는 무게가 가볍지 않기 때문에 그럴 터이다. 그러니 가족이 되어 식탁을 공유하는 식구로 생활을 같이 하는 인연은 깊다. 부모 자식 간의 관계야 특별한 경우를 제외하면 나쁠 이유가 없을 터이지만, 조카와 삼촌 고모 간의 관계는 앞의 두 경우가 모두 비슷하게 가능할지 모른다. 다행히 나의 경우는 조카들과 친구 같은 살가운 정을 나눌 수 있으니 얼마나 고마운 인연인지.

최근 사회의 변화 가운데 두드러진 현상 중 하나는 1인 가구의 증가이다. 평균 결혼 연령은 지속적으로 높아지고 미혼 혹은 비혼의 비율도 증가 추세다. 거기에다 이혼이나 사별로 혼자된 사람들도 싱글족 대열에 가세하는 모양이다. 통계청의 인구주택 총조사 결과에 따르면 2010년에 1인 가구가 처음으로 4인 가구를 추월했다. 일반적인 우리나라 가구 구조의 혁명과 같은 일이 벌어진 것이다. 통계청 자료에 따르면 2010년에 1인 가구 비율이 전체의 23.9%에 이르렀고 2035년에는 34.3%까지 증가될 것으로 전망한다.

사회변화에 가장 민감하게 반응하는 것은 역시 시장이다. 기존에는 부부와 자녀로 구성된 가족 중심의 소비가 대세였다. 그에 비해 이젠 개인 단위의 소비가 강화될 것으로 예상한 시장의 발 빠른 대응이 부산하다. 싱글족을 겨냥한 가구, 가전 등 각종 신상들이 하루가 다르게 상품으로 진열되어 구매자의 선택을 기다린다.

어찌하다 보니 나 역시 이런 트렌드를 앞에서 타고 있는 중이다. 우리 사회의 상황이 이렇게 바뀌나 보니 나의 현재적 상황을 보고 그럴 수 있는 일로 쿨하게 넘어가는 타인의 시선이 고맙다. 세상은 늘 변해왔고 앞으로도 변해 갈 것이다. 그 변화된 양상들에는 장점과 단점이 모두 존재한다. 자의든 타의든 개인이 선택한 삶의 방식이 존중되는 것은 나쁜 일이 아니다. 그러나 사람이 좋은 관계로 맺어지는 것을 두려워하거나 불편함을 배제하고 편리함만 추구하는 성향으로 굳어져 가는 일은 아름답지 못하다.

새로운 사회에 맞는 참신한 가족의 구성이나 범주 같은 것들이 고민되어야 할 시절인 듯하다. 부모와 자녀가 기본이 되는 전통 가족에서 그 기초를 이루는 단위는 부부이다. 성인이 된 남자와 여자가 만나서 결혼을 하면 부부가 된다. 부부로 탄생한 커플의 사연은 가지각색이다. 누구는 죽도록 사랑한 결과로 어떤 사람은 부모님의 권유로 또 다른 이는 결혼정보회사의 도움을 받아서 결혼을 한다.

일단 결혼은 하면 일반적으로는 두 사람 사이에 아이가 생긴다. 그렇게 되면 남과 여는 부모가 되어 양육의 책임을 져야 한다. 부모의 책무는 기쁜 일인 동시에 큰 부담을 안아야 하는 일이다. 한편 요즘 같이 평균 연령이 늘어난 때에는 결혼 연령이 늦춰졌다 해도 보통 오십여 년이 넘도록 부부로 같이 살아가게 된다. 여기에 이런 저런 상황들이 얽히고설키면 간단히 몇 편의 드라마 줄거리를 제공할 수 있을 것이다.

그렇게 오랜 세월동안 한 공간에서 좋은 관계를 유지하며 잘 사는 일이 그리 간단한 일은 아니다. 뜨거운 사랑의 결실로 결혼을 택했다 해서 그 사랑이 변치 않을 수 없을 것이며, 적당한 조건으로 결합한 이들이라면 더더욱 불안의 소지가 많다. 조건으로 결합한 관계는 그 조건이 무너지면 부서지기 쉬운 관계이니 말이다. 그러기에 겉으로 보기엔 멀쩡한 부부지만 실은 쇼윈도우 부부였다는 서글픈 이야기들이 회자되는 것이다. 사회가 변하고 가족의 의미도 점차 달라지겠지만 그래도 아직은 부부 중심의 가족이 일반적이다.

때론 단 열매만 받아먹으려는 이기심을 버려야 할 터이고 어느 순간엔 자기를 한없이 낮추어야 할 때도 있을 것이다. 같이 사는 일은 즐거운 일을 나누는 것 뿐 아니라 힘들고 어려운 과정도 함께 버텨가야 하는 길이다. 지혜로운 선택과 인내를 통한 기다림이 적절히 받쳐주지 않으면 피를 나누지 않은 사람들이 함께 잘 살아 낼 도리가 없다. 그래서 노부부가 살짝 손을 잡고 여행지를 산책하는 모습을 보면 편안한 아름다움을 느낀다. 그들이 백발이 되고 살짝 등도 굽을 동안 거쳐야 했을 삶의 곡절들이야 말이 없어도 짐작할 수 있다. 삶의 애환을 같이 거치고 난 사람들의 연대의식이 자연스레 비춰지는 모양이 아름답지 않을 도리가 없다.

부부는 세상의 모든 관계와 일이 시작되는 실마리이다. "군자의 도는 부부에게서 실마리가 만들어지고 그 지극한 것에 이르면 천지에서 나타난다."고 했던 말은 세상의 모든 이치와 원리를 이해하기 위한 첫걸음이 남녀 관계에서 비롯된다는 규정이다. 세상을 경륜하는 큰 뜻을 펴려면 남녀가 만나서 잘 살아갈 수 있는 이치부터 잘 배워야 한다는 의미이다.

자기 생활 가까이에 놓인 상황을 잘 풀어가는 길이 크고도 깊은 도의 세계로 들어가는 길이다. 유학의 도는 일상에서 찾아져야 진실한 의미를 지닌다. 작고 사소한 것이 모여야 비로소 큰 바다물이 될 수 있다는 말이다. 넓디넓은 바다를 바라보지만 거기에 도달하기 위한 시작은 지금 여기 나의 현실이다. 나는 여기서 겉으로 드러난 성과보다 그것의 근원에 주목하라는 메시지를 듣는다.

아무리 훌륭한 건물이라도 기초가 부실하면 무너지게 되어있고 제아무리 멋지게 보이는 부부일지라도 서로가 지키고 존중해야 할 기본을 무시한다면 결국 스러질 관계이다. 세상의 어떤 일이라고 순간순간에 맞는 공을 들이지 않고도 성공을 기대할 일이 있을까. 세상의 어떤 관계라고 자기주장만 강요하는 일방적인 횡포를 견딜 수 있겠는가.

『중용』에서 규정하는 군자의 도는 넓고도 은미한 것이다. 군자의 도는 곧 세상의 이치를 담고 있는 길이다. 그러니 그 규모가 엄청나게 크지 않겠는가. 게다가 하나하나의 상황을 들여다보면 헤아리기 어려운 깊이를 가진다. 다른 환경에서 성장한 남자와 여자가 좋은 인연으로 만나 부부가 되는 일은 축복받을 일이다. 그러나 모든 상황에 달콤한 면만 있을 수 없듯이 두 성인이 한 공간에서 수 십 년이 되는 현실을 살아가야 하는 일은 모종의 고행이 예견되는 길이다. 사람의 성숙 정도는 자신이 처한 현실과 대면하는 태도에서 결정된다. 나는 얼마나 넓은 폭으로 내 주변을 바라보고 얼마만큼의 깊이로 사려할 수 있는 생활인인가.

제12장

군자의 도는 넓고도 은미하다.

君子之道 費而隱

평범한 부부의 어리석음으로도 알 수 있지만 그 지극한 데에 이르러서는 비록 성인이라도 알지 못할 부분이 있으며, 잘나지 못한 보통 부부라도 행할 수 있으나 그 지극한 데에 이르러서는 비록 성인이라도 할 수 없는 바가 있다. 제아무리 천지가 크다고 해도 사람은 오히려 부족하게 여기는 바가 있으니 그러므로 군자가 큰 것을 말하면 천하가 다 실을 수 없고 작은 것을 말하면 천하가 다 깨뜨릴 수 없다.

夫婦之愚 可以與知焉 及其至也 雖聖人 亦有所不知焉 夫婦之不肖 可以能行焉 及其至也 雖聖人 亦有所不能焉 天地之大也 人猶有所憾 故君子語大 天下莫能載焉 語小 天下莫能破焉

제12장

시경에서 '솔개가 날아서 하늘에 닿고 물고기는 연못에서 뛰네!'라고 한 것은 위와 아래에서 관찰되는 것을 말한다.
詩云 鳶飛戾天 魚躍于淵 言其上下察也

군자의 도는 부부에게서 그 실마리가 만들어지고 그 지극한 것에 이르면 천지에서 드러난다.
君子之道 造端乎夫婦 及其至也 察乎天地

- 비이은費而隱: 넓고도 은미하다는 의미. 도는 그 범위가 넓으면서 그 깊이가 깊다는 것을 나타내는 말이다.
- 조단호부부造端乎夫婦: 실마리가 부부에서 만들어진다. 제아무리 넓고 깊은 도의 세계라도 그 실마리는 부부가 함께 사는 일상의 삶에서 그 단서를 찾을 수 있다.

이야기 열셋

특별한 쿠키
한 개

칠월이니 올해도 후반기로 넘어간 거라며 새로운 달의 감상을 이야기하던 것도 잠깐이고 어느새 열흘을 넘기고 있다. 대학은 유월 중순쯤에 모든 강의가 끝난다. 그리고 성적처리까지 모두 마무리되는 칠월부터는 본격적인 방학이다.

대학의 강사로 강단에 선 것이 올해로 이십 년쯤 되는가 보다. 그러니까 올 신입생들이 세상에 나오던 해에 난 강사가 되었다. 그러고도 실력이 모자라 대학의 정규직원이 되지 못하고 어쩌면 요즘 대세인 비정규직으로 정년을 맞을 수도 있었을 것이다. 다행이 몇 년 전에 한 연구원에 자리를 얻어 비정규직 대열에서 벗어났으니 고마운 일이다.

여하튼 어른이 된 이후의 나의 삶에서 강의는 꽤 큰 비중을 차지하는 일이었다. 학기마다 몇 시간 안 되는 강의를 해왔지만 담당 시간을 훌쩍 넘어서는 무게로 내 안에 있었으니 말이다. 강의는 적당한 긴장을 유지할 수 있도록 하고 솔직하게 만들어주며 깨우침을 얻게 하는 매력적인 일이다. 나와 수강생들의 조합으로 만들어지는 강의의 내용은 같은 과목일지라도 무상한 변화를 내재하고 있으니 그 또한 스릴 만점이다.

그런데 우습지만 학기의 시작은 언제나 설레고 풋풋하며 학기말은 다급하면서 분주하다. 그리고 긴 방학 뒤의 학기 초는 생각보다 빨리 오고 학기말은 그보다 더 서둘러서 닥친다. 이건 해가 가도 변하지 않는 일이다. 이번 학기 학부 교양 수업의 마지막 시간에 한 학생이 강의실을 나가며 내게 작은 봉투를 내민다. 귀여운 쿠키가 한 개 들었고 메모지를 붙였는데 한 학기 동안 좋았고 감사하단다! 기분이 좋았다. 이 강의에서 작은 영향이라도 받은 이가 적어도 한사람은 있구나. 다행이다. 내게는 그보다 큰 용기와 위로가 없으니까.

다른 이에게 용기와 위로를 주는 일은 생각보다 가까이 있을지 모른다. 내 경험을 미루어서 헤아려 보면 그렇다. 그런데 자신의 마음을 헤아려서 타인에게 미루어 가는 길은 그리 만만한 길이 아니다. 유학의 용어로 말하면 자기 자신을 헤아리는 것은 충忠이고, 자신의 마음에 기초하여 타인을 헤아려 주는 것은 서恕다. 충은 마음의 중심을 잡고 스스로를 살피는 공부이다. 그러니 충은 곧 수기修己다. 서는 자기와 같은 마음인 다른 이를 배려하는 공부이니 바로 치인治人에 해당한다.

충서는 유학의 이념인 인仁을 실천하는 방법으로 제시되었다. 인은 사람간의 좋은 관계를 말한다. 사랑이다.『주역』의 계사전에는 "세상의 기본 원리는 살리는 정신이다.[天地之大德曰生]"라는 말이 나온다. 공자는 이 문장을 해설하여 이것이 바로 인이라 하였다. 그러니 공자가 말하는 사랑은 상대가 잘 살 수 있도록 해 주는 것이다. 따라서 서로 사랑한다는 것은 곧 상생이다.

보통 사람들은 상대에게 바라는 것은 많지만 정작 상대가 내게 무엇을 바랄 것인가를 헤아리는 면에는 약하다. 세심함이 필요한 귀찮은 일이니 가능하면 피하려 한다. 그런데 인간관계에서 발생하는 갖가지 문제의 십중팔구는 이것 때문이다. 공자 역시 이 문제가 간단히 해결되는 것이 아님을 고백하였다.

"군자가 행해야 할 네 가지 길이 있는데, 나는 그 중 하나도 제대로 할 수 없다. 자식에게 구하는 것으로써 부모 섬기는 것을 할 수 없고, 신하에게 구하는 것으로써 임금 섬기는 일을 할 수 없으며, 동생에게 구하는 것으로써 형 섬기는 것을 할 수 없고, 벗들이게 구하는 것을 먼저 베푸는 것을 할 수 없다."

친구는 늘 나의 지금과 같은 어려움을 헤아려 주기를 원한다. 전화로 위로도 해 주고 불쑥 찾아와 차 한 잔 같이 하며 곁에 있음을 알게 해 주거나 때론 밤늦도록 술잔을 기울이며 내 마음과 같은 자리에서 나보다 먼저 화를 내 주기도 한다면 얼마나 시원할 것인가. 그러나 적절한 타이밍에 내게 위로가 되는 제스처를 해 주는 친구를 만나는 일은 바램처럼 쉽지 않다. 그러면 이제 한숨을 내쉬며 탄식을 한다. 역시 인생은 혼자란 말인가!

그러나 이런 회한이 나만의 것은 아닐 터이다. 친구가 수많은 이유로 아파하고 힘들어 할 때 나는 그의 곁을 지켜 주었던가? 상대가 나를 헤아려 주지 못함에 대한 갈증과 불만은 한없이 크다. 그러나 그 역시 내게 그런 갈증을 지니고 있을지 모른다. 우리는 늘 나의 상처에 집중하느라 그들의 아픔을 헤아려 줄 기회를 놓치곤 한다.

공자와 같은 이가 남을 헤아리고 배려하는 행동에 서툴렀을 리가 없다. 그러나 스스로 그렇게 하지 못하노라고 이야기 한 것은 그만큼 쉽지 않은 일이니 잘 살펴야 한다고 강조한 뜻이리라.

유학의 도道는 사람에 의한 사람을 위한 것이다. 제아무리 화려한 기술이나 공력도 사람과 무관하다면 유학적으로는 의미 없는 일이다. 그런데 유학이 아니라도 실제 인간의 세상에서 인간을 빼놓고 중요하다고 할 것이 무엇인가. 하루가 다르게 발전하는 과학기술도 그 중심에 사람이 있어야 의미가 있고 예술에도 인간이 빠질 수 없다. 그러니 인간을 위한 도를 이야기하는 유학은 오늘에도 여전히 의미 있게 적용될 수 있다.

유학은 인간들의 중심 문제를 관계로 파악한다. 그래서 윤리학이 중시되는데 유가 윤리학의 중심은 오륜이다. 오늘날 인간관계가 아무리 복잡하다 해도 부모와 자식, 조직과 개인, 여성과 남성, 선후배, 친구 사이의 관계로 모든 인간관계를 정의한 오륜을 벗어나지 않는다. 그러니 개인이 살면서 의미 있게 마주하고 헤아려 주어야 할 사람이 특별나게 많지는 않다. 그럼에도 불구하고 이걸 제대로 하는 사람이 드문 이유는 무엇일까.

하나는 내 손톱 밑의 상처에만 집중하곤 하는 고질적 습성, 다른 하나는 사람보다 더 중요하고 시급한 것이 있다고 착각하는 어리석음. 고질적 자기중심은 주변을 살피지 못하는 답답함으로 귀착된다. "도끼자루를 쥐고 도끼자루를 자르는데 흘겨보면서 오히려 그 기준이 멀리 있다고 생각"하는 것처럼 말이다. 자기가 쥐고 있는 것이 도끼자루이니 그것을 기준으로 비슷하게 자르면 될 간단한 이치를 알아채지 못한다는 비유이다. 크게 보면 개인의 문제도 관계 속에서 해소 될 여지가 크다. 내게 소중한 사람을 이해하려는 의식을 통해 내 문제의 해법까지도 분명해질 수 있으니 말이다.

다음은 오마이뉴스 기사 중 53세 남성의 인터뷰 내용이다. 보일러 수리공인 이 사람은 세 아이의 아버지로 최근 서울 외곽에 작은 아파트를 마련했단다. "저희 부부는 돈 많이 버는 데

욕심낸 적 없어요. 결혼하고부터 줄곧 전 6시에 퇴근하고 휴일엔 반드시 쉬면서 집도 여기저기 손 보고 아이들과 시간을 같이 보냈어요. 제가 애들을 너무 좋아하거든요. 제가 열심히 일하고 돈 버는 이유도 다 애들과 가족 때문이잖아요."

자기 삶의 우선순위가 무엇인지 확실히 알고 자기에게 중요한 것을 지키며 사는 삶은 얼마나 지혜로운가.

귀여운 쿠키로 내게 마음을 전해주었던 어떤 학생처럼 나도 좋았고 고마웠다는 마음을 적절한 타이밍에 전할 수 있는 사람이면 좋겠다.

제13장

공자가 말했다. 도는 사람으로부터 멀리 있지 않은데 사람이 도를 행한다고 하면서 도가 사람으로부터 멀리 있는 것처럼 한다면 도를 행하는 것이라고 할 수 없다.
子曰 道不遠人 人之爲道而遠人 不可以爲道

시경에서 말하기를 '도끼자루를 자르네 도끼자루를 자르네! 그 법이 멀리 있지 않네!'라고 한 것은 도끼자루를 잡고 도끼자루를 자르는데 흘겨보면서 오히려 그 기준이 멀리 있다고 생각한다는 말이다. 그러므로 군자는 사람으로서 사람을 다스리다가 고쳐지면 거기서 그만 둔다.
詩云 伐柯伐柯 其則不遠 執柯以伐柯 睨而視之 猶以爲遠 故君子 以人治人 改而止

충서는 도에서 벗어난 것이 멀지 않다. 자기에게 베풀어지는 것을 원하지 않는 것은 또한 다른 이에게도 베풀지 말라는 말이다.
忠恕 違道不遠 施諸己而不願 亦勿施於人

---

* 충서忠恕: 자기 자신을 완성하기 위해 집중하고(충) 다른 사람에게 사랑을 베풀기 위해 배려하는 것(서). 『논어』이인편 15장에 공자의 도는 충서 하나로 일관되어 있다는 말이 나온다. 수기치인修己治人과 같은 말이다. 유학의 인(사랑)은 나를 사랑하고 나아가 타인을 배려하는 것을 통해 실현된다.

제13장

군자가 행해야 할 길이 네 가지 있는데 나는 그 중 하나도 제대로 하지 못하는구나! 자식에게 구하는 것으로써 부모 섬기는 일을 하지 못하고, 신하에게 구하는 것으로써 임금 섬기는 일을 하지 못하며 동생에게 구하는 것으로서 형을 섬기는 일을 하지 못하고, 벗에게 구하는 바를 먼저 베푸는 것을 하지 못한다. 일상의 도덕을 행하고 일상의 말을 삼가 하는 일에서 부족함이 있다면 감히 힘쓰지 않을 수 없으며 넘침이 있다면 감히 더 해서는 안 된다. 말은 행동을 돌아보고 행동은 말을 돌아보아야 하니 군자가 어떻게 독실하게 행동하지 않을 수 있겠는가!

君子之道四 丘未能一焉 所求乎子 以事父 未能也 所求乎臣 以事君 未能也 所求乎弟 以事兄 未能也 所求乎朋友 先施之 未能也 庸德之行 庸言之謹 有所不足 不敢不勉 有餘 不敢盡 言顧行 行顧言 君子 胡不慥慥爾

---

* 시저기이불원諸己而不願 역물시어인亦勿施於人: 자기에게 베풀어지길 원하지 않는 것은 다른 이에게도 베풀지 말라는 뜻. 『논어』위령공편 23장에 나오는 기소불욕己所不欲 물시어인勿施於人과 같은 말이다. 군자가 평생 힘써야 할 것을 질문한 제자에게 공자는 '서恕'라는 답을 주면서 서를 실천하는 방법이 '자기가 하고자 하지 않는 것을 다른 이에게 베풀지 않는 것'이라 설명하였다. 여기에는 자신이 하고 싶은 것을 다른 이와 공유하라는 의미도 포함된다.

이야기 열넷

부자라서 좋아요

하루가 다르게 문화를 향유하고자 하는 사람들의 욕구가 자라나고 있다. 살림은 팍팍하더라도 정신을 살찌우는 지적·문화적 욕구가 성장한 탓일까. 어떤 유물이 좋더라고 소문이 나면 많은 사람이 몰리고 유명 화가의 전시가 열리는 미술관엔 적지 않은 돈을 주고라도 기꺼이 줄을 선다. 간송미술관은 몇 년 전부터 입소문을 타고 정기전마다 사람이 몰리는 명소가 되었다. 내가 처음 이 미술관의 존재를 알고 봄가을로 열리는 정기전에 다니기 시작했던 5-6년 전만 해도 이 행사가 그닥 알려지지 않았다. 해서 오월과 시월의 어느 하루는 간송정기전을 다녀오는 소소한 즐거움이 있었다. 가끔은 학생들과 같이 서울 성곽길을 걸어서 답사를 다녀오기도 했다

그런데 점점 관람객이 늘어나는가 싶더니 급기야 내가 관람을 포기하는 상황이 될 정도로 인산인해를 이룬다. 지난 오

월에는 평일 3-4천명, 주말엔 만 명이 넘는 사람들이 그 조그만 미술관에 몰렸다니 놀라울 따름이다. 여러 시간 줄을 서서 차례를 기다린 다음에 삼사십 분 남짓 그림을 관람했을 사람들의 인내심과 정열이 놀라울 뿐이다. 이 같은 현상을 보고 들으며 이제 강의 시간에 이 전시 소개를 더 이상 하지 말아야겠다고 생각한다.

그렇더라도 간송 전형필 선생에 대한 언급까지 그만 둘 일은 아니다. 나는 멋진 부자의 한 예로 이 사람을 거론한다. 전형필은 교육가이자 문화재 수집가로 알려져 있다. 그는 부모로부터 막대한 재산을 물려받은 부자였다. 와세다 대학에서 법학을 전공하였는데 위창 오세창으로부터 영향을 받아 서화와 골동품 수집에 관심을 갖게 되었다고 전한다. 그의 막대한 재산은 문화재를 수집하는 데 사용되었고 이를 다른 말로 하면 일본의 수장가들에게 넘어갈 문화재를 지킨 것이다. 그가 수집한 문화재 중에는 기와집 열 채를 살 수 있는 거금을 들여 산 [훈민정음] 해례본이 있고 국보로 지정된 것이 10점이 넘는다고 한다.

간송이 구입한 [훈민정음] 해례본은 광산 김씨 문중의 가보로 전하던 것인데 이 집안의 사위였던 이용준이 가져 나와 보관하던 것이었다. 당시 이용준은 판매 가격으로 천 원을 제시하였는데 간송은 그 금액이 너무 적다고 생각하여 만 원을 지불했다고 알려져 있다. 대단한 내공이지 않은가. 그렇게 모은 문화재는 전적, 고려청자, 조선백자, 불상, 부도, 석탑, 그림, 글씨 등 다양하다.

그러니 간송미술관은 대단한 작품들을 소장하고 있는 개인 컬렉션이다. 1971년에 시작되었다는 봄가을의 정기전을 통해 소장품과 그 공간을 대중에게 공개하고 있다. 정기전마다 일정한 주제를 가지고 그 컬렉션 중의 일부를 공개하는데 교과서 같은 데서 만나던 유명한 그림의 원본을 만나는 재미가 쏠쏠하다.

오늘과 같은 자본 중심의 세상에서 부자 아닌 것이 한이기는 하나 돈만 많고 취향은 저급한 부자들을 경멸하는 분위기도 없지 않다. 그러나 부자로서 부자만이 할 수 있는 일을 하는데 그게 고급한 문화의 수준을 보이는 것이라면 그저 멋지다! 평가할 수밖에 없지 않은가. "가난하지만 아첨하지 않고 부자라도 교만하지 않으면 어떤가요?"라는 자공의 질문에 대해 공자는 "그것도 좋지만, 가난하지만 즐길 수 있고, 부자이나 예를 아는 것만은 못하다."(『논어』학이15)고 대답했다. 가난이나 부자인 현실의 자리를 문제 삼기보다 그 자리에서의 떳떳한 처신에 주목한 제자와 스승의 대화이다. 물론 스승은 제자가 바라보는 지점 보다 한 단계 나아간 단계를 보이고 있지만 말이다.

이런 맥락에서 『중용』에서는 "군자는 자기가 선 자리에 근거하여 행동하고 그 밖의 것을 원하지 않는다. 부귀한 자리에 근거하면 부귀함을 행하고 빈천한 자리에 근거하면 빈천함을 행한다."고 했다. 경제적 능력과 높은 사회적 지위를 가진 자라면 거기서 할 수 있는 최선을 행할 것이고, 만일 가난하고 낮은 지위에 처한 사람이면 또 그 처리에서 최선을 다하는 것을 강조한 말이다.

윗자리에 있다고 해서 아래 사람을 함부로 부리고, 돈을 가졌다 해서 폭행의 대가로 돈을 지불하면 된다고 생각하는 천박함을 경계한 말이다. 반대로 현실적 지위를 갖지 못한 처지에서 출세를 위해 힘 있는 사람에게 비굴하게 행동하고 뇌물을 주는 등의 불공정 게임을 지적한 것이기도 하다. 그래서 "윗자리에 있다 해서 아랫사람을 능멸하지 말 것이며, 아랫자리에 있다고 윗사람에게 달라붙지 말아야 한다. 그저 자신을 바르게 하여 다른 사람에기 요구하지 않는다면 원망이 없을 것이니 위로는 하늘을 원망하지 않고 아래로 사람을 탓하지 않는다."고 했다.

말이 쉽고 내용 이해도 어렵지 않지만 실천이 간단치 않은 것이 유학의 특징이다. 그러니 유학을 공부하는 나는 작아도 몸으로 옮기는 것이 중요하다는 교훈을 새기려 한다. 강단이 있는 강의실에 설 때 난 가능하면 강단에 오르지 않고 강의 하려 했다. 불과 십여 센티 되는 강단이라도 거기 올라서서 보면 수강생들이 한참 아래로 내려다보인다. 강의하는 사람과 학생이 상하 관계는 아니지만 자칫 그런 권력관계가 발생할 수도 있는 사이가 아닌가. 아마 그때의 난 학생들을 아래로 내려다보는 시선이 다른 형태로 변질되는 것을 경계하고 싶었을 것이다. 그리고 그런 작은 장치는 꽤 효과가 있었다고 자평한다.

그렇더라도 내가 인식하지 못하는 사이에 학생들이나 후배들을 쉽게 치부한 일들이 내 생각보단 많을 것이다. 어려운 문제다. 반대로 윗사람에게 불공정 게임을 기대하는 모종의 액션들을 하지 말아야 한다는 이유로 선생님이나 선배들에게 소홀한 것을 당연시하진 않았는가를 자문해 본다. 자신 있게 아니라고는 말할 수 없다. 스스로 공정함이라 생각하는 나의 행보가 무심함이 되어서 그들을 서운하게 하진 않았을지. 쉽지 않은 문제다.

그러니까 자신의 처지에서 스스로 서야 할 위치를 잘 잡는 일은 말하는 것만큼 간단하지가 않다. 인위로 만들어 낸 윗사람의 영향력이나 아래 사람의 조력으로부터 자유로운 독립적인 행보. 그로부터 이끌어지는 자연스러운 조화와 협력. 아름다운 모양이다. 이런 아름다운 모양을 향해 한 걸음 한걸음 가 보아야 하지 않겠냐고 말하는 『중용』의 이야기들을 마음에 들여 놓고 싶을 뿐이다.

"공자가 말했다. 활쏘기는 군자의 모습과 비슷한 데가 있으니. 화살이 정곡을 벗어났다면 돌이켜서 그 원인을 그 자신에서 찾아야 하는 것이다."

눈에 티끌이 들어가서, 바람의 방향이 갑자기 바뀌어서, 채광이 좋지 않아서, 옆에서 큰 소리가 나서…… 정곡을 맞출 수 없었던 백 가지 이유 중에 자기 자신이 빠져 있다면 아무런 원인도 찾아내지 못한 것이다. 바람의 방향이나 외부의 다양한 조건들을 고려하여 시위를 당겼어야 할 터이니.

제14장

군자는 자기 자리에 근거하여 행동하고 그 밖의 것은 원하지 않는다.
君子 素其位而行 不願乎其外

부귀한 자리에 근거해서는 부귀함을 행하고 빈천한 자리에 근거해서는 빈천함을 행하며 이적의 땅에 근거해서는 이적의 땅에서 해야 할 일을 행하고, 환난의 자리에 근거해서는 환난의 때에 행해야 할 일을 행하니 군자는 어떤 자리에 가더라도 자득하지 않음이 없다.
素富貴 行乎富貴 素貧賤 行乎貧賤 素夷狄 行乎夷狄 素患難 行乎患難 君子 無入而不自得焉

윗자리에 있을 때는 아래 사람을 능멸하지 않고 아래 자리에 있을 때는 윗사람에게 붙지 않는다. 자신을 바르게 하고 다른 이에게 요구하지 않으면 원망이 없으니 위로 하늘을 원망하지 않고 아래로 타인을 탓하지 않는다.
在上位 不陵下 在下位 不援上 正己而不求於人 則無怨 上不怨天 下不尤人

제14장

그러므로 군자는 평평한 곳에 거하며 명을 기다리고 소인은 험한 것을 행하며 요행을 구한다.
故君子 居易以俟命 小人 行險以徼幸

공자가 말했다. "활쏘기는 군자와 비슷한 데가 있으니 정곡에서 벗어나면 돌이켜서 그 자신에게서 원인을 구한다."
子曰 射有似乎君子 失諸正鵠 反求諸其身

이야기 열다섯

적절한
쉼표

나의 출퇴근길인 성북동 고갯길은 고급 주택이 모여 있는 곳이다. 게다가 가깝게 혹은 멀리 보이는 산과 성곽의 풍경이 어우러진 아름다운 경치 때문에 매일 다녀도 질리지 않는 곳이다. 단지 이 길엔 당연히 골목과 골목이 만나는 지점이 많고 신호등이 없는 길이라 운전자들의 주의가 필요하다. 자기가 먼저 지나가겠다고 차를 들이미는 사람들이 더 많아서 나처럼 소심한 운전자들은 특별히 조심해야 하기 때문이다. 그런 상황에서 가끔씩 만나는 청량한 신사숙녀들. 상대방이 먼저 가도록 양보하는 아름다운 멈춤.

    순간의 지나침이고 그리 어렵지도 않은 한 박자 쉬어감인데 상대에겐 생각보다 크게 기분 좋은 느낌을 준다. 그들이 어떤 차를 가졌건 있어 보이는 사람이다. 아무리 비싼 차를 가졌어도 참으로 싼티 나는 행동을 하는 사람들에 비하면 더욱 돋보이는 쉼표인 것이다. 그런 사소한 행동에서 여유와 배려를 보이는 사람이라면 아마 다른 부분에서도 비슷한 모습이지 않을까.

작은 것이 쌓여서 큰 것이 되는 물리의 원리는 사람의 생활에서도 예외가 아니다. 그래서 내가 교양수업 수강학생들에게 자주 하는 말 중에 하나가 '이 교실에서 아름답게 존재하는 사람이 자신의 전공분야에서도 좋은 평가를 받는 것에 99% 건다!'는 말이다. 아무리 사회적 성취가 훌륭하여 존경을 받는 인물로 나 역시 열광해마지 않던 사람이 있다고 하자. 그런데 예컨대 식당의 종업원을 함부로 대하는 그의 한마디 말이나 작은 몸짓이 내게 발견된다면 그는 바로 '싼티'로 강등이다. 그는 정말 중요하고도 기본적인 것을 모르거나 무시하는 사람이므로.

기본기가 중요하단 것을 모르는 사람은 없을 것이다. 그러나 누가 빨리 성공하는가. 누가 더 많은 연봉을 받는 직장에 취직을 할 것이며 비싼 땅의 넓은 아파트를 소유하는가. 누가 더 잘나가는 배우자를 만났으며 누구의 승진이 빠른가. 이런 질문에 내몰린 사람들의 선택은 각박할 수밖에 없다. 삶의 근원적인 부분을 묻는 질문은 소용없는 헛짓이 되고 삶의 가치를 사유하는 데 쓸 수 있는 정신력을 찾기 어렵다.

기본이 중요하고 첫걸음이 신중해야 한다는 생각은 『중용』에서 "군자의 도는 먼 길을 가려면 반드시 가까운 곳으로부터 시작하는 것에 비유할 수 있고, 높은 곳에 오르려면 반드시 낮은 곳에서 시작하는 것에 비유할 수 있다."고 한 말에서도 새겨 볼 수 있다. 군자의 도는 크고도 깊다고 했다. 이 넓은 세상으로도 다 실을 수 없는 스케일이다. 하지만 그저 크기만 해서는 군자의 도가 아니다. 그 안에는 아무리 작게 분석해도 다 드러나지 않는 미시적 흐름이 있다.

규모가 그렇게 거대하고 오묘하니 현실적인 성공이나 성취들은 모두 군자의 도에 근거하여 이룰 수 있다. 군자의 도는 세상의 눈으로 말하는 큰일들을 다 포괄하는 것이다. 이것은 수신, 제가, 치국하여 평천하에 이르는 유가의 지향과 연결된다. 그러나 평천하를 위해서는 수신이 전제가 되어야 하는 것처럼 큰 군자의 도를 실현하려면 내 일상의 작은 생활이 좋아야 한다는 가르침이다.

『중용』15장에서는 군자의 도가 가깝고 낮은 곳에서 시작되어야 함을 말하고 난 다음 "시경에서 말하기를, 처자와 잘 화합하는 것이 마치 비파나 거문고를 연주하는 것과 같이 보기 좋고, 형제가 이미 화합하니 함께 모여 사이좋게 즐기며 좋아하네. 너의 집안을 마땅하게 하니 너의 처자가 즐겁구나!"라는 시경의 구절을 소개한 다음 이렇게 하면 부모가 편안해 하신다는 말로 정리하였다. 가정에서 제대로 자기 역할을 하여 좋은 관계를 만들어야 순조로운 삶의 바탕이 마련된다는 것이다. 군자의 도가 시작되어야 할 가깝고 낮은 일상의 현장으로서의 가정과 가족을 이야기하였다.

이는 큰일을 위해서는 가정을 무시해도 좋다기보다 큰일을 제대로 해내기 위해서는 먼저 가족과 잘 화합해야 한다는 생각이다. 이런 점에서 직장과 일에 대한 최근의 트렌드는 현명한 방향이다. 젊은 사람들일수록 업무 보다 가족과의 시간을 우선순위에 놓는 경향이 많다고 하니 말이다. 전 세대 부모들과는 확연히 다른 취향이다. 고된 업무 마감 후 동료들과의 한잔이 습관이었던 일도 옛일이다. 맞벌이 부부가 일반적이다 보니 가사도 육아도 부부 공동의 몫이다. 이래저래 가족과 보내는 시간을 우선순위에 두는 부부가 많아진 것은 분명하다.

이런 시대에 사원들의 복지를 제대로 챙기는 회사는 최신 트렌드를 제대로 적용한 사례이다. 스마트 폰 앱(애플리케이션)을 관리하는 우리나라의 한 회사는 하루 7시간 노동을 지키고 사내 수영장에서 수영하는 시간도 근무시간으로 쳐 주는 꿈의 직장이다. 사옥은 카페와 같은 분위기고 직원 자녀들과 놀아 줄 미국인을 정규직원으로 채용했다고도 한다. 이 회사의 직원 수는 22명에 불과하나 고객사가 592개고 지난 해 라이센스 매출이 101억 원에다 순수매출이 43억 원으로 영업 이익률은 48%인 작지만 알찬 곳이다. 그러니 동종 업계 1위를 하는 회사이기도 하다. 이 회사의 대표는 인터뷰에서 회사의 복지제도가 생산성을 위한 도구가 아니며 당연한 필수사항이라고 말했다.

청년실업과 비정규직 양산으로 대표되는 현재 우리나라의 작업장 실정에 비추어 보면 분명 이 회사는 꿈의 직장에 틀림이 없다. 그러나 무엇보다 비교적 공정한 시각으로 기업을 하는 오너의 마인드가 신선하다. 개인의 삶의 질을 고려하고 그들 가족을 배려하는 직장에 다니는 개인들이 어떻게 신명을 다하지 않을 수 있겠는가. 그렇다면 결국 생산성 증가는 자연스럽게 따라오는 결과일 터이다.

주식 상장을 통해 기업 가치를 높여서 자신의 지배력이 확대될 가능성을 스스로 조절할 줄 알고, 직원의 복지를 당연한 것으로 여기는 기업가 있다는 소식은 가뭄의 단비처럼 시원하다. 이 이는 무엇이 근본적인 것인가, 어디서부터 시작해야 하는가를 아는 사람이다. 이 회사의 뉴스에 눈이 번쩍 뜨였던 것은 기업 확장, 형제들의 전쟁, 착취 같은 표현에 너무 익숙해져 있었기 때문이었을 것이다.

우리 중의 많은 사람들은 불안정한 신분으로 언제 떨려날지 모르는 자리를 지키기 위해 전전긍긍하거나, 이미 떨려져 나온 처지에 있을지 모른다. 기업의 오너도 아니고 안정된 직장인도 아닌데다 이렇게 어려운 현실에 처해 있으면 삶의 근원적인 질문과는 무관하게 사는 게 당연한 것인가. 좀 강한 예일지 모르겠으나 우리는 '노숙인 인문학 강좌'를 통해 희망을 찾은 노숙인들의 이야기를 들은 바 있다.

각기 어려운 처지에 있는 이들에게 당장 급한 것은 빵일지 모른다. 그리고 빵은 생명을 위해 꼭 필요하다. 그러나 자신을 성찰하고 미래를 희망하는 철학이 없는 빵은 당장의 생명유지 이외의 의미를 줄 수 없다. 좋은 환경에서 보다 어렵고 힘든 시기에 더 필요한 것이 자기 삶의 의미를 스스로 돌아보는 일이 아닐까.

제15장

군자의 도는 먼 길을 가려면 반드시 가까운 곳에서부터 시작하는 것에 비유할 수 있고, 높은 곳으로 가려면 반드시 낮은 데에서 시작해야 하는 것에 비유할 수 있다.
君子之道 辟如行遠必自邇 辟如登高必自卑

시경에서 말하기를, 처자와 잘 화합하는 것이 마치 거문고와 비파를 연주하는 것처럼 보기 좋고, 형제와 이미 화합하니 함께 모여 즐기며 좋아하네! 너의 집안을 마땅하게 하니 너의 처자가 즐거워하는구나!
詩曰 妻子好合 如鼓瑟琴 兄弟旣翕 和樂且耽 宜爾室家 樂爾妻帑

공자가 말했다. "부모는 순조롭고 편안하실 것인저!"
子曰 父母 其順矣乎

- 벽辟: 여기서는 비유하다는 의미의 비譬와 같은 뜻으로 쓰였다.
- 탐耽: '즐기다', '좋아하다'
- 이爾: 너 이. 종결어미로 많이 쓰이지만 본 뜻이 이인칭을 지시하는 '너'이다.

이야기 열여섯

사랑의
한 기술

재채기와 사랑은 감출 수 없다고 했던가. 사랑의 감정은 꼬물꼬물 모르는 새에 자라기도 하고 거대한 파도가 압도하듯이 밀려오기도 한다. 그런데 격정적인 사랑은 많은 이들의 구미를 당기는 매력 있는 메뉴이나 실제 할 확률은 높지 않다. 그보다 꼬물꼬물 쪽이 보다 현실적이다. 우선 호기심이 생기는 사람이 포착되면 이제 그에 대한 탐색을 시작한다. 그의 동선과 그를 둘러싼 주변의 인맥과 그가 선호하는 커피가 무엇인지. 이렇게 하다보면 자연 그에 대한 지식이 늘 수밖에 없다.

어느새 나는 그가 좋아하는 아메리카노를 주문하고 그와 친한 사람들 가까이에 서고자 하며 그와 같은 헬스클럽의 회원이 되어있을지도 모른다. 그의 입장에서는 알게 모르게 자신의 취향과 닮아있는 나를 문득 발견하게 될 것이고 적절한 타이밍에 그 앞에 선 나를 눈여겨보거나 고마워하는 일들이 생길 것이다. 그 모든 것들이 실은 나의 호기심에 기초한 그에 대한 지식에서 만들어진 일이지만 상대의 입장에서는 적절한 때에 자기에게 꼭 맞는 친절함으로 다가 온 사람에게 마음이 갈 수밖에 없다.

　이제는 서로가 좋은 관계가 되어 애호하는 연인으로 발전한다. 서로 애호하는 선남선녀의 만남에서 채워질 수 있는 많은 것들이 이제 그들의 것이다. 한동안 이들은 공중부양의 신천지를 소요逍遙할 터이다. 그 유효 기간이 얼마이든 그들은 그 시간을 충분히 즐기면 될 일이다. 호기심에서 시작된 사랑은 꼬물꼬물 자라나 상대에 대한 지식을 요구하고 그렇게 조금씩 키가 커져서 드디어 서로가 호응하는 단계를 거쳐 같이 즐거워하는 경지를 노닌다.

　공자는 "그것을 아는 것은 그것을 좋아하는 것만 못하고, 그것을 좋아하는 것은 그것을 즐기는 것만 못하다."(『논어』 옹야 18장)고 했다. 이 말은 삶의 여러 장면에다 적용할 수 있는 말이지만 사람 사이의 사랑을 이야기 할 때에도 잘 들어맞는다. 꼬물꼬물 작은 관심에서 시작하여 잘 알게 되고 그리하여 이해하게 되면서 결국 서로가 그 상황을 즐기는 경지로 간다! 나는 이런 역사와 스토리를 가진 사랑이 격정적으로 밀물이 되어 압도하는 사랑보다 힘이 세다고 말한다. 그들의 이야기는 쌓여있는 것이기 때문이다.

스토리가 엮여있는 사람의 관계는 단순하게 정의되거나 정리될 수가 없다. 굽이굽이 돌아가는 시간의 관절마다 자기들만이 아는 이야기들이 똬리를 틀고 있다. 게다가 희로애락의 순간을 같이한 자들의 속내는 깊다. 요즘 잘나가는 드라마 '신사의 품격'의 남자 주인공 네 명은 마흔한 살 동갑의 고등학교 동창이다. 그들 중의 한 사람에게 문제가 생기면 나머지 세 사람은 물심양면의 지원을 아끼지 않는다. 저마다 독특한 개성을 지니고 다른 취향을 가졌지만 오랜 시간 함께 해온 역사는 그들의 우정을 더 단단하게 묶어 주었다.

드라마의 각 에피소드마다 그 인트로에는 주인공들이 엮여 있는 과거의 일화를 보여주는데 그 이야기들을 보는 재미가 쏠쏠하다. 대학에서 미팅을 했던 일, 한 친구가 군대에 가던 날, 어떤 친구가 상을 당했을 때. 그 때마다 같은 상황에 함께 대면하고 대처했던 이야기들이 그려진다. 과장되거나 꾸며진 부분이 없지 않지만 이야기가 상징하는 내용은 누구든 수긍할 수 있는 것이다.

그런 관계는 어려운 상황 앞이라 해도 칼로 무를 자르듯이 자신들의 관계를 정리할 수 없다. 갈등을 해소할 수 있는 동력이 관계의 역사 속에 들어있기 때문이다. 자신들의 이야기를 이어가든 혹은 어디쯤에서 끝을 맺던 간에 심사숙고의 시간을 필요로 한다. 그리고 많은 경우 이런 숙려熟慮 기간을 통해 극단적인 선택을 피해 갈 여지가 만들어 질 수 있다. 이런 과정이 가능하다면 불쑥 다가온 하나의 사건 때문에 깔끔하게 관계를 정리하고 이혼도장을 찍을 수는 없는 일이다.

물건은 새 것이 좋아도 사람은 오래된 친구가 좋다고 했던가. 어떨 때는 오래된 물건이 좋을 때도 있고 때로는 새로운 사람이 반가울 때도 없진 않지만 오래된 좋은 관계는 삶의 격려이다. 한집에 사는 반려자가 그런 좋은 친구라면 더 없는 행운일 터이다. 허나 그런 더 없는 행운은 거저주어지진 않는다. 남녀가 만나서 좋은 감정을 갖게 되는 일이야 누구에게든 몇 번이든 찾아 올 수 있는 일이다. 그런데 좋은 감정으로 만나진 남녀가 부부의 인연을 맺고 오랜 세월을 같이 살면서 그때까지도 아름다운 나눔을 키워갈 수 있는 경우는 축복일 터이다.

그런 축복은 역시 아픔과 곤란과 인내 같은 터널을 잘 넘긴 경우에 비로소 주어진다. 삶의 굽이굽이마다 같이 써 놓은 이야기들이 제대로 똬리를 틀었을 때 얻을 수 있는 선물이다. 공자는 사람들과 관계를 잘 유지하는 인물로 안평중이란 사람을 꼽았다. 그 이유를 "안평중은 다른 사람과 잘 사귀는구나. 오래되어도 그를 공경하네!"(『논어』 공야장 17장)라고 말했다. 오래 지나면 편한 관계가 되지만 편하다고 해서 쉽게 막 대하게 되면 더 이상 편하지 않고 상처를 주는 관계로 전락한다. 그리고 이건 보통의 우리들이 쉽게 범하는 어리석음이다.

가까운 사람에게 받는 상처가 더 아픈 법이다. 가깝다는 이유로 상대에게 상처를 주는 어리석은 행동을 하는 것은 어떤 것보다 가치 있는 자신의 자산에 흠집을 내는 격이다. 그렇게 하지 않으려면 세심한 노력이 필요하다. 이런 기본을 지키면서 생활의 장면마다 그 사람과 함께 써가는 이야기를 촘촘하게 구성하는 거다. 작고 큰 이야기들이 두 사람의 주변과 내면을 관통하여 짜여 지도록 하는 것이다. 이런 밑밥이 제대로 깔려 있다면 이런 내공이 필요한 순간마다 적절한 역할을 해 줄 것이다. 특별히 의도하지 않아도 자연스럽게 분출되는 묘약으로써.

　　세상의 어떤 문제도 저절로 생기는 일이 없고 삶의 어떤 갈등도 저절로 해결될 수 없다. 그러나 우리 삶에서 문제나 갈등은 생각보다 자주 마주친다. 그 중에서도 사람과의 관계가 월등히 많다. 다양한 관계에서 벌어지는 많은 문제 상황을 타개해 가기 위한 해법은 그들이 이전에 깔아 놓은 관계의 밑밥 정도에 따라 어렵게 혹은 생각보다 잘 찾아질 수 있다. 그러니 오늘 아무렇지도 않은 일상의 한순간에 그를 향해 건넨 따뜻한 차 한잔, 위로의 한마디, 격려의 박수는 어느 순간 아주 큰 힘으로 나를 도와 줄 것이다.

　　"은미한 것이 드러남이니 정성스러움을 가릴 수 없는 것이 이와 같구나!"라고 하여 신기한 세상의 이치를 설명한 것처럼 말이다. 신비한 세상의 흐름은 만져지거나 들을 수 없지만 드러나지 않은 채 부단히 운동을 하고 있다가 반드시 나타나야 할 때에 적절한 형태로 출현한다. 그러니 사람은 성실하고 긍정적인 삶의 태도를 가지고 자신이 대면하는 세상을 보듬어야 할 일이다.

제16장

공자가 말했다. 귀신의 덕은 그 왕성함인저!
子曰 鬼神之爲德 其盛矣乎

보아도 보이지 않고 들어도 들리지 않지만 사물을 받아들여서 빠뜨림이 없고,
視之而弗見 聽之而弗聞 體物而不可遺

천하의 사람들로 하여금 제계하고 옷을 잘 갖춰 입고서 제사를 받들게 하고서 충만하게 그 위에 존재하는 것도 같고 그 좌우에 있는 것과도 같다.
使天下之人 齊明盛服 以承祭祀 洋洋乎如在其上 如在其左右

시경에 말하기를, 신이 오는 것을 다 헤아릴 수 없는데 하물며 꺼릴 수 있겠는가?
詩曰 神之格思 不可度思 矧可射思

이는 대개 은미한 것이 드러남이니 정성스러움을 가릴 수 없는 것이 이와 같구나!
夫微之顯 誠之不可揜 如此夫

- 제齊: 주로 '가지런 하다'는 의미로 쓰이지만 여기서는 '제계'하다는 뜻으로 쓰였다. '목욕제계'한다고 쓰이는 것처럼 몸가짐을 바르게 정돈한다는 의미이다.
- 격格: '바로잡다' '이르다'의 뜻이 있는데 여기서는 '이르다'로 쓰였다.
- 탁度: '법도 도' '헤아릴 탁' 여기서는 탁으로 읽고 '헤아리다'는 의미로 쓰였다.
- 신: '하물며 신' 황況자와 같은 의미이다.
- 사思: 생각하다는 의미의 사자가 여기서는 의미 없는 어조사로 쓰였다.

이야기 열일곱

이런
나라서
행복해요

가끔 내가 여기 이 자리에 이와 같은 모습으로 살고 있다는 사실이 낯설게 다가오는 때가 있다. 친숙하던 주위의 사물들이 친연성을 잃고 동료나 친구들도 왠지 서먹하다. 다른 가족이나 친구들은 저마다 의미 있는 생활 속에 들어가 있는 것처럼 보이는데 유독 나만 그들로부터 동떨어져 있는 이질감. 마치 배속으로 재생된 영상으로 배경의 사람과 사물이 흘러가는데 주인공만 한 곳에 정지 상태로 어쩔 줄 몰라 하고 있는 장면을 연상시키는 당혹감. '나는 누구인가! 나는 왜 여기에 이런 모습으로 있는가!'

자기 존재에 대한 질문은 삶의 근원을 생각하는 차원에서도 이루어지지만 마음대로 되어 주지 않는 현실의 생활 때문에도 불쑥 튀어 나온다. 다른 사람들은 별 고민 없이 승승장구. 일과 사람에 대해 모두 일정한 성취를 보이고 모난 데 없이 잘 사는 것처럼 보인다. 유독 나만 승진도 더디고 취업도 어려우며 연애조차 맘대로 되어 주질 않는다. 나의 불운을 조정하는 모종의 힘이라도 작용하는 게 아닐까? 사뭇 진지한 회의도 가져본다.

어제 오늘 태풍 '카눈'이 우리나라를 관통해 지나는 중이다. 예보에 따르면 방금 서울을 벗어나 북한 쪽으로 빠져나가는 중이란다. 다행이 태풍의 세력이 크지 않아서 관통한 행로에 비해 피해가 그리 크지는 않은 것 같다. 태풍과 함께 세찬 비바람이 지난 간 서울 하늘은 더할 수 없이 아름답다. 아직 검은 구름이 흘러 다니기는 하지만 가끔씩 드러나는 햇살은 깨끗하고 편안하며 아름답다.

당연한 이야기이지만 해는 언제나 그 자리에 떠 있다. 구름에 가려지고 비바람에 덮이기도 하나 그저 차단 될 뿐 해가 사라지는 것은 아니다. 그런데 폭우가 쏟아지고 먹장구름이 잔뜩 끼었을 때 우리는 곧잘 해의 존재를 잊는다. 나는 삶의 먹구름 밑에서 우울하고 힘겨울 때 다시 바닥을 치고 올라올 수 있는 힘이 사람에게 있다고 믿는다. 구름 걷히고 해가 나오는 자연현상과 같은 치유 능력이 내재되었다고 말이다.

세상의 어떤 일 치고 거저 얻어지는 게 없는 것처럼 이런 치유 능력도 평소 갈고 딱은 내공의 정도에 따라 편차가 있기는 할 것이다. 최근 나는 적을 두고 있는 일터에서 회오리와 같은 풍파를 겪었다. 나를 비롯한 여러 명의 연구원들이 속수무책으로 자리를 잃을 수 있는 일대 사건에 맞닥뜨린 것이다. 일자리는 얻을 수 있는 것처럼 잃을 수도 있는 일이다. 허나 그 결정에 이해할 수 없는 잘못된 부분이 있다면 그에 대항하여 내가 할 수 있는 최선의 항거를 해 보아야 한다. 최선을 다한 이후에야 비로소 진인사대천명을 말할 수 있는 것이다.

괜히 고생만 하고 얻는 게 없는 싸움을 할 이유가 무엇이냐고 말하는 사람이 많았다. 그러나 우선 자신이 할 수 있는 일을 다 하는 태도의 아름다움을 배웠으니! 행동. 결과는 접어두고라도 자신의 자존심을 지키는 일이라 믿었다. 그런데 고맙게도 내가 원하는 방향으로 일이 흘러갔고 지금은 어떤 사람도 자리를 잃지 않고 연구를 진행할 수 있는 기반을 마련하게 되었다. 문제가 모두 해결된 것은 아니지만 기본적으로 고쳐져야 한다고 생각했던 부분이 시정되었고 나머지 문제들도 희망적으로 전망하는 지점까지 와 있다.

'나는 누구인가! 나는 왜 여기에 이런 모습으로 있는가!' 여기에 스스로 답하기 위해서는 자기가 선택한 일에 대한 자기이유를 갖고 있어야 할 것이다. 내가 정말 원해서 그 일을 하게 된 행운의 케이스도 있을 것이고 혹은 자신이 가진 스펙에 대충 어울리는 선에서 그 일을 하게 되었을 수도 있다. 그러니 자기 일을 선택한 내력에는 사람마다 편차가 있을 터이지만 문제는 선택 이후이다.

　대학의 필수교양 과목을 수강하는 학생들에게 내가 늘 하는 말이 있다. 어차피 해야 하는 것이라면 주인으로 참여하자! 알다시피 주인과 손님의 차이 중의 가장 결정적인 것은 책임감과 보상이다. 보상중의 백미는 중심으로서의 무게, 뿌듯함이다. 피할 수 없으면 즐기라는 광고 카피와도 상통하는 메시지이다.

　사회적인 신분이나 직업에 대해서도 같은 말을 할 수 있다. 주인으로 그 자리에 서는 연습을 해봐야 하지 않느냐고. 그래야 나와 같이 황당한 일을 당했을 때 헤쳐 갈 자기이유를 찾을 수 있지 않겠는가. 얼마전에 6개월 넘게 진행되었던 문화방송 노조원들의 파업이 끝났다. 그들이 비교적 좋은 조건의 노동자들이라 해도 그 긴 시간동안의 무임금의 생활이 준 어려움은 헤아리고도 남겠다. 노동자로서의 정당한 권리를 찾고 정당하지 못한 경영권자들을 비판하는 일은 주인의식에서 나온다. 회사의 주인은 사장이나 경영진만이 아니니 말이다.

　자기가 선택한 일에 대한 주인의식을 가졌다 해도 그것이 항상 제대로 발휘되어 줄까? 미안하지만 그렇지 못한 것이 현실이다. 보통 사람의 마음이나 생각은 그리 견고하지 못하다. 맑은 날 보다 흐리고 비 오는 날들이 더 많은 시간들. 용기와 희망으로 충만하기보다 좌절과 권태와 무기력 같은 것이 더 자주 찾아온다. 머피의 법칙이 내 주변을 맴도는 듯한 행복할 수 없는 순간들. 이렇게 되면 주변의 모든 사람들은 배속 재생되어 움직이는데 나만 정지된 채로 어디로도 갈 수 없는 가련한 처지에 놓인다.

하늘이 사람을 낸 데에는 다 이유가 있으니 어떤 사람도 아무렇게나 던져진 사람은 없다. 이렇게 인간의 존엄함을 애초에 정해진 것으로 보는 것이 유학의 마인드이다. 자연과 일체가 되는 인간존재의 선험적 가치는 천인합일이라는 개념으로 설명된다. 그러나 위대한 인물은 하늘이 낸다는 생각으로 순임금과 같은 고대의 성왕을 극찬해마지 않는 사고를 "큰 덕을 가진 자는 반드시 천명을 받는다."는 말로 확정한 바 있다.

그런데 이 말을 하기에 앞서 "하늘이 물을 낳을 때에 그 능력에 따라 돈독하게 해 주어서 잘 기르는 자는 북돋아 주고 기울어지는 자는 덮어버린다."고 했던 것에서 보면 역시 후천적인 노력에 방점을 두었다. 어떤 것을 선택했느냐 보다 그 선택에 대해 어떻게 반응하는 것이 옳겠는가를 고민하도록 자극하는 말이다.

인간의 수정은 3억만 분의 일이라는 말도 안 되는 확률로 일어나고 나 역시 거기에서 예외가 아닌 확률로 이 세상에 났다. 어찌 보면 이것만으로도 나는 참 대단하다. 허나 나의 이런 가치는 현실의 바다에 떠다니는 그렇고 그런 하찮은 역할로 스스로를 규정하면서 내던져진다. 내 존재의 가치를 확인하기에 세상은 너무 고단하다. 자신의 사회적 자리가 좋은 평가를 받지 못하는 경우라면 이 고단함은 가중될 것이다. 누구나가 부러워하는 자리에 있다고 해서 딱히 자기만족과 자기 존중만으로 일관할 수는 없을 것이다. 어느 자리 어느 위치에 있던 누구나 쫓기고 불안하고 그래서 고단하다.

그럼에도 불구하고 이렇게 생긴 나이기 때문에 행복하다고 여기는 자세로써 내게 닥치는 난국에 대처할 수 있기를 바란다. 상대적 비교에서 오는 크기로 내 위상을 정하기에 앞서 내 스스로 나의 가치를 인정하는 순서를 잃지 않기를 바란다. 이것이 내 안에 단단하게 자리하고 있다면 틈만 나면 나를 압도해 오는 우울과 좌절과 열패감 같은 데에서 스스로를 구원할 양식이 마련된 것이다.

제17장

공자가 말했다. 순임금은 대단한 효를 실천한이인저! 덕은 성인이 되고 존귀하기론 천자가 되었고, 부유하기로는 사해 안의 것들을 소유하였으니 종묘에서 제사를 지내고 자손들을 보호하신다.
子曰 舜其大孝也與 德爲聖人 尊爲天子 富有四海之內 宗廟饗之 子孫保之

그러므로 큰 덕을 지닌 이는 반드시 그에 합당한 자리를 얻고 그에 맞는 녹을 받으며 그에 어울리는 이름을 얻고 그에 맞는 장수를 누린다.
故大德 必得其位 必得其祿 必得其名 必得其壽

고로 하늘이 물을 낳을 때에는 반드시 그 능력에 따라서 돈독하게 해주기 때문에 잘 기르는 자는 북돋아 주고 기울어지는 자는 덮어버린다.
故天之生物 必因其材而篤焉 故栽者 培之 傾者 覆之

시경에 이르기를, '아름다고 즐거운 군자여! 아름답고 훌륭한 덕이 백성에게 마땅하게 하시고 사람에게 마땅하게 하시니 하늘로부터 녹을 받으시고 그를 보호하고 도와서 명을 내리시네. 하늘로부터 거듭 명을 내리시네!'라고 하니
詩曰 嘉樂君子 憲憲令德 宜民宜人 受祿于天 保佑命之 自天申之

그러므로 큰 덕을 가진 자는 반드시 명을 받는다.
故大德者 必受命

이야기 열여덟

내리
사랑

각 세대가 가진 주요 관심사나 현안은 서로 다르다. 그러니 관심사의 변천으로 성장의 단계를 구성해볼 수도 있을 터이다. 유명 메이커 운동화, 친구들 사이에서의 인기 혹은 성적과 입시 같은 아이템이 현안의 주 메뉴가 될 청소년 시절. 연애의 기술, 취업, 스펙 같은 것들 속에서 분주할 대학생. 연봉, 결혼 같은 키워드를 지나 육아와 내 집 마련이 주요 관심사로 떠오르다 이제는 건강과 노후를 걱정하는 시기로 접어든다. 그렇게 우리는 나이 들어간다. 어느 때까지는 친구들 결혼식에 쫓아다니는 걸로 분주하다가 다시 그들 이세들의 돌잔치에 불려 다닌다. 그러다 보면 친구들 부모님들의 장례식을 오가야 하는 때가 온다.

이런 것이 자연스럽게 흘러가는 인생사이다.

요즘 내 친구들의 이슈 중 하나가 부모님들 병구완이다. 우리가 나이 들어가는 만큼 부모님들은 늙어가시니 말이다.

큰 병 없이 평균 수명을 훌쩍 넘어 사시다 고생 없이 돌아가시는 건 자신에게나 자식들에게 복이다. 대부분은 길게 혹은 자주 병중에 계시는 경우가 많다. 오랜 병에 효자 없다는 속담이 있는 것처럼 자식들의 병구완은 아무래도 부모가 자식을 돌보는 데에 미칠 수는 없는 것 같다.

요즘 신세대 부모들의 육아를 보더라도 어느 시절의 부모들 못지않은 열의가 들어있다. 요즘처럼 다양한 정보를 쉽게 얻을 수 있는 시대의 장점을 십분 활용하는 스마트한 엄마들. 모유수유는 어떻게 얼마나 하는 것이 좋은지. 아이의 지적, 정서적 발달을 위한 각가지 도구들을 활용하는 기민한 움직임들. 아기들의 청정한 먹거리를 위한 식품 구매에서부터 까다로운 조리법을 마다않는 부지런함. 그리하여 이세를 향한 애정 공세는 다양한 측면에서 가능한 모든 노력을 기울인다는 표현이 틀리지 않은 모양이다. 어제와 같이 오늘도.

동서고금을 막론하고 자기 자식을 사랑하고 아끼는 부모의 마음은 다름이 없어 보인다. 성인이 되기 전의 자식에게 부모는 보호자로서 심적 물적 자원을 제공해 주는 비교적 의존도가 높은 자리를 차지한다. 성인이 되고 난 후의 한 동안은 이제 더 이상 보호자로서의 위상을 가질 수 없는 부모의 영향이 부쩍 줄어드는 시간이 찾아온다. 그러다 보면 이제는 자식이 부모의 보호자 역할을 해야 한다. 부모들이 육체적으로 사회적으로 약자인 노인이 되었기 때문이다.

장년의 자식에게 병든 늙은 부모는 현실이 된다. 자식은 그런 부모가 애잔하고 슬프다. 부모가 자식을 향한 보호에는 미칠 수 없다 해도 자식은 최선을 다해 부모 곁을 지킨다. 자기 생활이 허락하는 영역 안에서. 이렇게 자식은 부모와의 이별을 준비한다. 드디어 부모가 돌아가심으로써 이제 자신의 무조건적이며 열렬한 지지자를 잃는다. 세상의 어떤 이별 보다 상실감이 큰 헤어짐이다.

보통 장년 이후에 만나게 되는 부모와의 이별은 일대 충격적 사건이다. 이미 세상 풍파에 휩쓸릴 만큼 휩쓸린 나이라 큰 감정의 기복에서 어느 정도 벗어났다고 자신하는 즈음의 사건일 테니 말이다. 나의 첫 순간을 아는 사람. 나의 서툴고 유치한 시절을 지켜준 사람. 나의 갖가지 비행을 덮어준 사람. 나보다 더 나를 위해 줄 사람. 세상의 모든 부모는 세상의 모든 자식들에게 그런 존재가 아닌가. 그러니 "부모의 상은 귀천이 없이 한가지이다."라고 했던 말에서 보듯 사회계급이 공고했던 그 옛날에도 부모에 보답하는 마음은 계급을 초월하여 지켜야 할 것으로 이해했다. 나보다 더 나를 위해준 이에 대한 최소한의 보답이라 할까.

유학사상은 인간관계의 친밀성을 강조하는 인(仁)의 논리에서 보듯이 관계론에 초점이 있다. 유학에서 중시하는 인간

관계가 다섯 가지로 정리된 것이 오륜五倫이다. 오륜은 부자유친父子有親, 군신유의君臣有義, 부부유별夫婦有別, 장유유서長幼有序, 붕우유신朋友有信의 다섯 가지 윤리이다. 이는 오늘날의 인간관계를 정의하는 데에서도 큰 무리 없이 재해석하여 적용할 수 있는 틀을 가지고 있다. 특히 관계를 맺는 양쪽 당사자 모두가 지켜야 할 원리를 제공한다는 점에서 선진적이다. 일방적이며 수직적인 관계윤리가 아니라 상호관계를 기반으로 한 윤리이기 때문이다.

이 다섯 가지 윤리 중에 가장 기본이 되는 것은 부모와 자식의 관계를 이야기하는 부자유친이다. 유학에서 관계의 근간은 역시 부모와 자식이다. 관계의 실마리는 부부에서 맺어지지만 그를 통해 모든 관계의 핵심인 부자관계가 성립된다. 자식은 부모에게 효를 행하고 부모는 자식에게 자애로운 사랑을 내려줌으로써 양자는 친함을 실천한다. 그러니 효는 실제적인 존재의 근원에 대한 고마움을 표현하는 행위인 동시에 인간관계의 가장 핵심이 되는 윤리를 제대로 실천하는 길이다.

따라서 유학사상을 삶의 철학으로 받아들였던 조선시대의 선비에게 효는 어떤 일에도 우선하는 덕목이었다. 조선시대의 선비 뿐 아니라 유학자들의 경우 부모를 평계대면 최고 권력자인 임금도 어쩔 수 없는 면책특권을 가질 수 있었다. 사랑은 내리사랑이라고 하지만 사회적으로 학습된 효의 실천을 통해 윗세대에 대한 일정한 보답을 자연적으로 할 수 있는 틀이 마련되었었다고 보면 될 것이다.

그런 사회 규범이 강하지 않은 오늘날에는 전형적 '내리사랑'이 이루어지고 있다. 그러니 어떤 강제나 특별한 학습이 없다면 자식이 부모에 대한 보답을 지극하게 하는 것을 기대하기는 어렵다. 자식의 성장 이후에는 그들의 생활 영역에서 부모의 입지는 점차 좁아진다. 그러다 문득 마주하는 것이 노쇠하고 병든 부모의 현실이다. 애잔한 심정으로 이제 자식인 내가 그들의 보호자가 되어야 할 상황이다. 한동안 한 쪽 가슴이 아린 날들이 계속될 것이다.

그러나 오늘날 사람들의 생활이란 것이 얼마나 분주하던가. 직장에서의 자리는 안정적이지 못한데다가 부모님의 병구완을 적극적으로 지원해주는 시스템도 부실하다. 자연스럽게 처음의 마음처럼 돌봐드리지 못하는 사이 임종을 맞는 경우가 왜 없겠는가. 그렇게 부모를 보내고 남은 자식은 더 이상 부모 없는 오늘의 현실을 살아내야 한다. 세대는 그렇게 흘러간다.

요즘 사람들에게 가족이나 부모의 존재를 질문하면 어떤 이는 든든한 배경, 힘으로 또 다른 이는 짐이나 장애로 답한다고 한다. 이런 조사 결과를 들으면 가슴이 서늘해진다. 유학자들처럼 긴밀한 혈연의식을 전제로 하지 않더라도 우리가 사는 세상에서 만들어진 관계들의 서걱거림과 그로 인한 외로움들을 보듬어서 치유할 수 있는 근거는 가족이다. 그런 보루를 갖지 못한 사람들의 팍팍한 처지가 남의 일 같지 않다.

그리하여 오늘을 사는 사람들이 다시 돌아보아야 할 가족과 부모에 대한 상은 어떤 모습일까. 그리고 그들을 오늘에 맞게 사랑할 수 있는 방식은 어떤 것인가. 진지한 고민이 필요한 때이다. 수많은 관계 정상화를 위해.

제18장

공자가 말했다. 근심 없는 사람은 저 문왕이신저! 왕계를 아버지로 하고 무왕을 자식으로 두니 아버지는 지으시고 아들을 그를 따랐다.
子曰 無憂者 其惟文王乎 以王季爲父 以武王爲子 父作之 子述之

무왕이 대왕과 왕계, 문왕의 뒤를 이어 한 번 전쟁을 일으켜 천하를 가지니 몸은 천하에서 이름이 드러난 것을 잃지 않고 높기로는 천자가 되었으며 부유하기로는 사해의 안을 가지셨으니 종묘에서 제사를 받으시고 자손들을 보호하신다.
武王 纘太王王季文王之緒 壹戎衣而有天下 身不失天下之顯名尊爲天子 富有四海之內 宗廟饗之 子孫保之

제18장

무왕이 말년에 명을 받으시니 주공이 문왕과 무왕의 덕을 완성하여 대왕과 왕계를 왕으로 추대하시고 위로 선공을 제사하시되 천자의 예로써 하셨다. 이 예는 제후와 대부 및 선비와 서인들에게까지 영향을 주었다. 아버지가 대부이고 자식은 선비일 경우 장례는 대부의 예로 지내고 제사는 선비의 예로 지냈으며, 아버지가 선비이고 자식이 대부일 경우에는 장례는 선비의 예로 지내고 제사는 대부의 예로 지냈다. 기년상은 대부에게 통하였고 삼년상은 천자에게 통하니 부모의 상은 귀천이 없이 같았다.

武王 末受命 周公 成文武之德 追王泰王王季 上祀先公以天子之禮 斯禮也 達乎諸侯 大夫及士庶人 父爲大夫 子爲士 葬以大夫 祭以士 父爲士 子爲大夫 葬以士 祭以大 夫期之喪 達乎大夫 三年之喪 達乎天子 父母之喪 無貴賤一也

이야기 열아홉

계승·혁신·창발創發
- 세종과 정조로부터

화난 원숭이 실험은 경영학자인 개리해멀Gary Hamel과 프라할라드 C.K. Prahalad에 의해 진행되었다. 방 한가운데 장대를 세워두고 그 꼭대기에 바나나를 매달아 둔다. 그런 다음 배가 고픈 원숭이 네 마리를 방안으로 들여보낸다. 당연히 배고픈 원숭이들은 맛있는 바나나를 향해 돌진한다. 그들이 거의 바나나에 다가갔을 때쯤 원숭이를 향해 강하게 물벼락을 내린다. 물을 싫어하는 원숭이들은 공포감에 휩싸여 바나나를 포기하고 장대를 내려온다. 그런 다음엔 놀랍게도 더 이상 바나나를 향한 의지를 접어버렸다.

잠시 후에 원숭이 한 마리를 새로운 원숭이로 교체한다. 그러면 물벼락을 모르는 역시 배고픈 상태의 새로운 원숭이는 지체 없이 바나나가 걸려있는 장대로 돌진하는데 이번엔 물벼락 멤버들이 그를 말린다. 네가 위험에 빠질테니 접근하지 말라는 신호를 보냈을 것이다. 그래도 배가 고프고 물벼락을 모르는 원숭이니 물리치고 올라가볼 만도 한데 실험의 결과는 그렇지 않았다. 물벼락 멤버들의 조언을 듣고 포기하는 걸로!

같은 식으로 물벼락 멤버 중의 하나를 빼고 새로운 원숭이를 투입하여 물벼락을 경험하지 않은 원숭이들로 모두 바뀔 때까지 같은 양상이 반복되었다. 신참 배고픈 원숭이는 장대로 달려가고 나머지 멤버들은 말리는 양상. 물벼락을 전혀 모르는 원숭이들만 모여 있을 때에도 같은 모습이었다는 것이 실험의 결과였다.

개리해멀과 프라할라드는 이 실험을 통해 정형화된 조직문화가 답습되는 현실을 이야기하였다. 이를 통해 조직의 만성적인 부정적 태도와 학습된 무기력을 지적하였다. 누군가 새로운 시도를 하려 할 때 기존의 구성원들은 부정적 시각으로 그 시도록 막으려 한다는 것이다. 두 사람의 실험은 새로운 시도가 야기할지 모르는 실패의 경험을 피하고 싶어 하는 우리네 보통사람들의 모습을 적절히 설명해 주었다. 창의성, 창발성 같은 요소가 시대의 키워드가 되는 오늘에도 여전히 비창의적인 모습들이 우리사회 곳곳에서 발견된다.

창의성이란 새로운 생각이나 개념을 찾아내거나 혹은 기존에 있던 생각이나 개념들을 새롭게 조합해 내는 것과 연관된 정신적이며 사회적인 과정이다. 역사의 진전 과정은 창의성에 근거하여 이루어진 과정이라 할 수 있다. 물론 때론 더 과감하게 또 어떤 시대에는 지극히 제한적이었다는 차이는 있다. 창의성이 더 많이 발휘되었던 사회일수록 이야기 거리가 풍부하다. 세종의 시대나 정조가 임금의 자리에 있을 때가 그런 예이다.

세종은 조선의 네 번째 임금이다. 이상적 유교정치를 실천한 지혜로운 철인이자 국왕으로 유명하다. 집현전을 설치하여 인재양성과 학문진흥을 도모하였고 그 결과 훈민정음을 창제함으로써 우리 민족이 과학적인 문자를 가질 수 있도록 하였다. 문자와 언어는 한 문화의 토대이다. 결국 세종은 우리문화의 토대를 굳건하게 세운 사람이다.

훈민정음의 창제가 세종의 대표적 치적이겠지만 거기에 그치지 않고 과학, 기술, 경제, 사회, 예술 등에서 독특하고 창발적인 제도와 기구를 개발하고 적용하였다. 그러니까 그는 민족문화의 독자성을 선명히 드러내는 일에 매우 구체적인 업적을 내었던 것이다.

조선의 22대 왕 정조는 사도세자를 아버지로 둔 배경에서도 눈치 챌 수 있듯이 매우 드라마틱한 생을 살았던 대표적인 왕이다. 조선의 왕들은 기본적으로 유학의 교양을 지닌 지식인이었고 항시 주변에는 유학에 투철한 관료들에 둘러싸여 있었다. 조선시대 왕들의 리더십은 유학의 제왕학을 학습하고 그것을 실천하는 과정에서 견고하게 만들어졌다. 그런데 왕 자신이 어떤 학자 보다 학문의 조예가 깊었던 인물이라면 단연 정조를 꼽을 수 있다. 정조는 재위 당시에 『홍재전서弘齋全書』라는 자신의 문집을 간행하였다. 한 사람이 생전에 자신의 문집을 만들어 낼 수 있는 역량을 지녔다는 것은 대단한 일이다.

세종에게 집현전이 있었다면 정조에게는 규장각이 있었다. 정조의 규장각은 당대 정치와 문화의 중흥을 상징하는 곳이다. 그는 규장각을 구심으로 학문과 문화의 저변을 탄탄히 함으로써 개혁정치를 실행하고 정치의 중흥을 이루고자 하였다. 갑작스러운 죽음으로 그의 꿈을 더 꽃피우지 못한 것은 우리 문화의 발전을 위해 불행한 일이었다. 그의 개혁정책의 총결산으로 평가되는 것은 화성 신도시의 건설이었다. 가끔 화성을 산책하는 기회가 있을 때면 우선 그 건축의 미학에 매혹되면서 동시에 정조라는 남자가 꿈꾸었던 나라에 대해 다시 한 번 기억하게 된다.

화성은 단순히 군사적 목적의 성곽이 아니라 정조가 자신의 개혁정치를 통해 얻은 결과들을 실험하는 무대로 생각했던 곳이다. 우선 성곽의 축성은 당시의 가장 선진적 기법을 적용하였고, 정조의 최측근인 정약용 등이 주도하도록 하였다. 그들은 화성을 포함한 수원일대를 자급자족의 도시로 육성하고자 하는 다양한 시도들을 제안하고 적용하였다.

나는 『중용』에서 효를 잘 실천한 인물인 무왕과 주공의 미덕을 찬양하여 그들이 "부모의 뜻을 잘 계승하고, 부모의 일을 잘 이어갔다."고 했던 대목을 읽으며 조선의 멋진 왕 두 사람의 이름을 떠올렸다. 이 내용을 일반적으로 이해하면 무왕과 주공의 전통에 대한 해석과 실천을 설명하는 말로 받아들일 수 있다. 그런데 전통을 잘 계승한다는 것이 수구적 받아들임은 아니다. 창의적인 시각으로 문제의 본질을 이해하고 그것을 자신의 시대에 잘 적용할 수 있도록 시중時中의 태도를 견지하였을 때, 우리는 그를 전통을 잘 계승한 인물로 평가하니 말이다.

화난 원숭이들의 실험에서처럼 전해진 것을 무비판적으로 수용하는 것은 무기력한 대응이다. 이는 전통을 계승하고 수용하는 아름다운 방식이 아니다. 창의적인 사고에 기초한 재배치와 재해석은 전통 계승의 확장된 의미를 부여한다. 창의적이며 개혁적인 인물의 예로 삼았던 세종과 정조 역시 지나간 시대의 문화를 잘 이해하고 수용한 뒤에 이전에 없었던 새로운 지점을 찾아내었다. 부모세대의 전통을 기억하고 이해하는 행위는 자기가 선 시대에 더 적합한 방식을 찾아내는 노력으로 이어져야 한다. 그것이 수용과 계승의 아름다운 지점이다.

제19장

공자가 말했다. 무왕과 주공은 어디서나 통하는 효를 실천한 분들인저!
子曰 武王周公 其達孝矣乎

대개 효라는 것은 부모의 뜻을 잘 계승하고 부모의 일을 잘 이어받는 것이다.
夫孝者 善繼人之志 善述人之事者也

봄가을로 조상의 사당을 닦고, 그 기물을 진설하며, 그 의상을 배치하고, 그 때의 음식을 올린다.
春秋 修其祖廟 陳其宗器 設其裳衣 薦其時食

종묘의 예는 소목의 순서를 밝히는 것이고, 작위의 순서를 잡는 것은 그 귀천을 가리는 일이며, 일의 순서를 정하는 것은 현명함을 분별하려는 것이다. 여럿이 술을 마실 때 아래 사람이 윗사람에게 권하도록 하는 것은 낮은 데까지 미치도록 하는 것이고, 잔치에서 머리카락의 색을 보는 것은 나이순으로 순서를 정하려는 것이다.
宗廟之禮 所以序昭穆也 序爵 所以辨貴賤也
序事所以辨賢也 旅酬下爲上所以逮賤也 燕毛所以序齒也

- 천薦: '올리다'
- 소목昭穆: 사당에서 조상의 신주를 모시는 차례

그 자리에 서서 그에 합당한 예를 행하고 그 음악을 연주하며 그가 높인 것을 공경하고 그가 친애한 것을 애호하며 죽은 이 섬기기를 산 사람 섬기듯 하고 돌아간 이 섬기는 것을 살아 있는 사람 섬기는 것과 같이 하는 것이 효의 지극한 경지이다.

踐其位 行其禮 奏其樂 敬其所尊
愛其所親 事死如事生 事亡如事存 孝之至也

교사의 예는 상제를 섬기는 일이고 종묘의 예는 그 선조에게 제사하는 일이다. 교사의 예와 체·상 제사의 뜻을 잘 알면 나라를 다스리는 일은 자신의 손바닥을 들여다보는 것과 같을 것인저!

郊社之禮 所以事上帝也 宗廟之禮 所以祀乎其先也
明乎郊使之禮 禘嘗之義 治國 其如示諸掌乎

- 려수旅酬: 여럿이 잔을 돌리며 술을 마심
- 체逮: '미치다' '이르다'
- 연모燕毛: 연회에서 머리 색깔에 따라 자리를 정하는 일
- 치齒: '이 치' '나이 치' 치아를 나타내는 말로 주로 쓰이나 여기서는 나이라는 의미로 쓰였다.
- 교郊: 하늘에 올리는 제사
- 사社: 토지의 신에 올리는 제사
- 체禘: 천자가 종묘에서 올리는 큰 제사
- 상嘗: 천자가 가을에 지내는 제사

이야기 스물

진정성의
결정판

"정성스러운 것[성誠]은 하늘의 도이고 정성스럽게 노력하는 것[성지誠之]은 사람의 도이다."라는 말은 『중용』 20장에 나온다. 『중용』 33장 중 가장 긴 문장이 20장이다. 여기에는 『중용』을 대표하는 많은 개념을 포함한 다양한 이야기가 들어있다. 그 중에 앞에 든 예문이 핵심이다. 그런데 이 문장은 20장의 핵심일 뿐 아니라 이 책 전체를 두루 관통하는 한마디이기도 하다. 이 책은 온 세상을 의미하는 하늘의 도와 개별 존재로서의 인간의 도가 일맥상통한다는 전제로 이야기를 시작했다. 첫 장에서 "천명을 일러서 성이라 한다."고 했던 말이 바로 그것이다.

이에 근거하면 인간은 하늘의 원리를 이해하고 그것을 자신의 삶에 적용하려는 노력을 통해 중용의 삶을 실천할 수 있다. 중용의 선택은 어느 한쪽으로 치우치지 않고 딱 적당한 지점을 들어 올리는 일이다. 균형을 찾는 것이다. 이는 마치 요가 수련과도 같다. 요가의 거의 모든 동작들은 우리 몸의 중앙을 중심으로 해서 좌우 대칭으로 구성되어있다. 그러니까 같은 동작을 왼쪽과 오른쪽 혹은 위와 아래로 해 주어야 몸의 균형을 잡을 수 있다. 좌우의 동작이 현격하게 차이가 날 때 잘 안 되는 쪽의 동작을 다시 한 번 해 줌으로써 불균형 상태를 교정해 가는 것이 수련의 요점이다.

삶의 장에서 중용을 선택하는 것 역시 그 상황에 가장 적절한 균형점을 찾아내는 일이다. 물론 이것은 물리적인 정중앙을 말하는 것이 아닌 데다가 각 선택의 상황도 변화가 무상한지라 계량되거나 표준화 될 수 없다. 우리의 삶은 자로 재고 저울에 다는 것으로 이해할 수 없기 때문이다. 자기 아이를 사랑하는 구체적 행위를 일정한 레시피처럼 표준화할 수는 없다. 그 아이의 개성과 상황에 따른 처방이 필요하다. 분명한 것은 따뜻하게 품어 주어야 할 때가 있고 매운 회초리를 들어야만 좋을 때도 있다는 것이다.

그 때 옳았던 일이니 지금도 옳다고 강변할 수 없다. 지금은 이미 그 때와 다르고 상대도 그 때 그 사람이 아니지 않은가! 엄밀하게 말하면 우리 삶에서 완전히 똑같은 일은 일어날 수 없다. 그래서 중용의 실천은 메뉴얼을 만들어서 활용할 수 있는 일이 아니라 평생 순간순간 고심해서 선택해 가야 한다. 우리의 삶이 현재진행형이듯 중용적 선택 또한 그와 마찬가지이다. 다만 거기에 근거로 작용해야 하는 것이 '정성스럽게 노력하는[誠之]'일이다. 나는 이 개념을 해설할 때에 '마음을 다해' 혹은 '진정한 마음으로' 접근하는 태도라고 표현한다.

　마음은 사람의 중심이다. 그와 내가 통했다는 것은 서로의 마음이 만났다는 말이다. 가장 중심에 있는 것이 만났으니 그보다 더 좋을 수 없는 일이 벌어진 것이다. "마음에 있지 않으면 보아도 보이지 않고 들어도 들리지 않으며 먹어도 그 맛을 모른다."(『대학』 전7장)고 한 말은 마음의 위상을 잘 보여준다. 짝사랑에 빠진 청년에게 강의실의 수업이 제대로 들릴 것이며 책의 문자가 눈에 들어오겠는가. 그토록 애호하는 밥맛까지 앗아가 버린 것은 바로 제자리에 없는 마음 때문이다.

　마음을 다해 사랑한다는 것은 자신의 진정을 바친다는 말이다. 진정을 다하는 것 보다 더 큰 공감을 주는 방법을 나는 잘 모르겠다. 그렇게 보면 마음을 다하여 "넓게 배우고, 자세히 질문하고, 신중하게 생각하고, 밝게 분별하여 독실하게 행동한다."면 최선의 선택을 할 수 있다고 제안하는 『중용』의 메시지를 이해 할 수 있을 것이다. 다만 그것을 몸으로 옮기는 일이 쉽지 않다는 것이 문제라면 문제이다.

　어떻게 하면 마음을 다해 현명한 선택을 할 수 있는가. 그에 대한 하나의 예시가 20장에서 제시한 구경九經이다. 구경은 나라를 다스리는 데에 줄기가 되는 아홉 가지 원리이다. 아홉 가지 원리로 제시된 것은 수신(위정자의 수신), 존현(현명한 사람을 높임), 친친(친족과 잘 지냄), 경대신(대신을 공경함), 체군신(신하를 제 몸처럼 여김), 자서민(백성을 자신과 같이 사랑함), 래백공(많은 기술 인력을 확보함), 유원인(변방의 사람들을 잘 이끔), 회제후(제후들을 포용함)이다. 이 원리들은 주나라 종법봉건제 정치제도 하에서 제시된 것이지만 오늘날의 눈으로 보아도 새겨들어야 할 부분이 많다.

이 원리의 기본은 리더 스스로가 좋은 인격과 능력을 가지기 위한 노력을 하는 것과 동시에 주변의 사람들을 귀하게 여기는 자세를 유지하는 것이다. 최고 리더의 자리에 있는 사람이 현명한 인재를 제대로 대우하고 관리들을 공경하는 일은 예나 지금이나 중요한 일이지만 제대로 실현되지 못하는 일이다. 이것만 이루어져도 긍정적이며 합리적인 세상으로 바짝 다가설 수 있을 터이다. 그러니 현명한 선택을 할 수 있는 관건은 자기 성찰과 주변의 사람을 귀하게 여기는 데에 있다. 물론 자기성찰의 중심은 마음을 다스리는 데에 있을 것이고 사람들을 대하는 태도 역시 그 마음을 다하는 것이 근간이다.

그런데 이런 마음공부가 글로 배울 수 있는 일이 아니라서 머리가 아닌 몸으로 해내야 한다는 데에 그 묘미와 어려움이 동시에 존재한다. 그러니 "공부하지 않으면 않았지 공부할 때엔 할 수 없는 것을 그대로 두지 않고, 묻지 않으면 않았지 물었다면 알지 못하는 것을 그대로 두지 않으며, 생각하지 않으면 않았지 생각하여 얻지 못한 것을 그대로 두지 않는" 매서운 자세가 필요하다. 어떤 물건을 자기 소유로 하기 위해서는 반드시 대가를 지불해야 한다. 유형의 물건 뿐 아니라 무형의 것들도 거저 얻어지는 것은 없다. 하물며 삶의 기준이 될 수 있는 중용의 도를 쉽게 자기 것으로 만들 수 있다면 오히려 재미없는 일일지도! 정당한 보상을 치르고 당당하게 획득해야 할 일이다.

어딜 가든 내가 도저히 넘볼 수 없게 뛰어난 능력을 가진 종족이 있다. 중용의 도가 제아무리 갖기 어려운 덕이라 해도 그 문이 저 뛰어난 종족들에게만 열려있는 것은 아니다. 단지 좀 더 빨리 갈 수 있는 사람과 그렇지 못한 속도의 차이만 있을 뿐이다. 그러니 유학에서 제안하는 좋은 삶을 위한 실천은 모든 인류에게 열려있다. 세상에는 아무리 용을 써도 따라갈 수 없는 영역이 지천이다. 허나 유학적 삶의 완성은 누구에게나 가능태로 존재한다. 단 "남이 한 번에 가능하면 나는 백 번을 하고 남이 열 번에 가능하다면 나는 천 번을 한다."는 각오가 되어 계신 손님들 앞에서만 말이다.

제20장

애공이 정치에 대해 질문하자 공자가 말했다.
哀公 問政 子曰

문왕과 무왕의 정치는 방책에 펼쳐져 있으니 적절한 사람이 있으면 그 좋은 정치가 시행될 것이고 그런 사람이 없다면 그런 정치도 사라진다.
文武之政 布在方策 其人存則其政擧 其人亡則其政息

사람의 도는 정치에 민감하고 땅의 도는 나무에 민감하다. 저 정치라는 것은 창포나 갈대와 같다.
人道敏政 地道敏樹 夫政也者 蒲盧也

그러므로 정치를 행하는 것은 사람에게 달려있으니 사람을 취할 때는 몸으로써 하고 수신할 때에는 도로써 하며 도를 닦을 때에는 인에 근거한다.
故爲政在人 取人以身 修身以道 修道以仁

인仁은 사람이니 친한 이를 친하게 대하는 것이 가장 중요하고 의義는 마땅함이니 현명한 이를 존중하는 것이 가장 중요하다. 친한 이를 친하게 여기는 순서와 현명한 이를 존중하는 등급이 예가 생긴 근거이다.
仁者人也 親親爲大 義者宜也 尊賢爲大 親親之殺 尊賢之等 禮所生也

제20장

그러므로 군자는 수신을 하지 않을 수 없는데 수신을 하고자 하면 부모를 섬기지 않아서는 안 된다. 부모를 섬기려 할 때에는 다른 사람을 알지 않아서는 안 된다. 다른 사람을 알고자 할 때에는 하늘을 알지 못해서는 안 된다.

故君子 不可以不修身 思修身 不可以不事親 思事親 不可以不知人 思知人 不可以不知天

천하에서 두루 통하는 도가 다섯 가지요 이것을 행하는 근거로 세 가지가 있다. 군신, 부자, 부부, 형제, 붕우 사이의 사귐이 다섯 가지 두루 통하는 도이고, 지, 인, 용 세 가지는 천하에서 두루 통하는 덕이다. 그런데 그것들을 행하는 방법은 한가지이다.

어떤 이는 나면서부터 알고 어떤 이는 배워서 알며 어떤 이는 노력해서 알기도 하나 아는 데에 이르러서는 모두 마찬가지이다. 어떤 이는 편안하게 행하고 어떤 이는 이롭게 여겨서 행하며 어떤 이는 힘껏 노력해서 행하기도 하지만 그 일을 이룸에 미쳐서는 모두 마찬가지이다.

天下之達道五 所以行之者三 曰君臣也 父子也 夫婦也 昆弟也 朋友之交也 五者 天下之達道也 知仁勇三者 天下之達德也 所以行之者 一也 或生而知之 或學而知之 或困而知之 及其知之 一也 或安而行之 或利而行之 或勉强而行之 及其成功 一也

공자가 말했다. 배움을 좋아하는 것은 지에 가깝고 힘껏 행하는 것은 인에 가까우며 부끄러움을 아는 것은 용에 가깝다. 이 세 가지를 알면 수신하는 근거를 알게 되고 수신하는 근거를 알면 사람 다스리는 근거를 알게 되며 사람 다스리는 근거를 알면 천하 국가 다스리는 근거를 알 수 있다.
子曰 好學 近乎知 力行 近乎仁 知恥 近乎勇 知斯三者 則知所以修身 知所以修身 則知所以治人 知所以治人 則知所以治天下國家矣

무릇 천하국가를 다스리는 데에 아홉 가지의 원리가 있다. 수신, 존현, 친친, 경대신, 체군신, 자서민, 래백공, 유원인, 회제후가 그것이다.
凡爲天下國家 有九經曰 修身也 尊賢也 親親也 敬大臣也 體群臣也 子庶民也 來百工也 柔遠人也 懷諸候也

제20장

수신하면 도가 세워지고 현명한 이를 높이면 의혹이 사라지며 친족을 가깝게 하면 여러 삼촌들과 형제들이 원망하지 않고, 대신을 공경하면 현혹되지 않으며 여러 신하를 제 몸처럼 여기면 선비들이 예로 보답하는 것이 도탑고, 백성을 자식과 같이 생각하면 백성을 권면할 수 있으며 여러 기술자들을 불러오면 재물을 쓰는 것이 풍족해지고 변방의 사람들을 부드럽게 대하면 사방에서 귀속해 올 것이고 제후들을 잘 포용하면 천하가 경외하게 된다.

修身則道立 尊賢則不惑 親親則諸父昆弟 不怨 敬大臣則不眩 體群臣則士之報禮重 子庶民則百姓勸 來百工則財用足 柔遠人則四方歸之 懷諸侯則天下畏之

목욕재계하고 옷을 갖춰 입고서 예가 아니면 행동하지 않는 것이 수신하는 것이고, 아첨하는 이를 자르고 색을 멀리하며 재화를 가볍게 보고 그보다 덕을 귀하게 여기는 것은 현명한 이를 권면하는 일이며, 그 지위를 높혀 주고 그 녹을 무겁게 내리며 그가 좋아하고 싫어하는 것을 같이 하는 것은 친족을 가까이 하는 것이고, 높은 관직을 주고 그에 합당한 권력을 주는 것은 대신을 권면하는 일이며, 진정으로 믿어주고 녹을 후하게 내리는 것은 선비를 권면하는 것이고, 때에 맞게 부리고 세금을 줄이는 것은 백성을 권면하는 일이며, 날마다 돌아보고 달마다 시험하여 월급을 일하는 수준에 맞게 주는 것은 여러 기술자들을 권면하는 것이고, 가는 이를 잘 환송하고 오는 이를 환영하며 선행을 아름답게 여기고 잘 하지 못하는 것을 불쌍히 여기는 것은 멀리 있는 사람들을 유화하는 일이며, 끊어진 세대를 잇고 망한 나라를 일으키며 혼란을 다스리고 위기를 도우며 조회에 참석하는 것을 때에 맞게 하도록 하고 가는 물건은 후하게 하고 가져오는 물건은 간략하게 하는 것은 제후를 포용하는 것이다.

齊明盛服 非禮不動 所以修身也 去讒遠色 賤貨而貴德 所以勸賢也 尊其位 重其祿 同其好惡 所以勸親親也 官盛任使 所以勸大臣也 忠信重祿 所以勸士也 時使薄斂 所以勸百姓也
日省月試 旣廩稱事 所以勸百工也 送往迎來 嘉善而矜不能 所以柔遠人也 繼絶世 擧廢國 治亂持危 朝聘以時 厚往而薄來 所以懷諸侯也

무릇 천하국가를 다스리는 것에 아홉 가지의 원칙이 있지만 그것을 행하는 것은 한 가지 이치이다.

凡爲天下國家 有九經 所以行之者 一也

제20장

모든 일은 미리 예비하면 서고 예비하지 않으면 실패한다. 말을 미리 정해두면 잘못되지 않을 것이고 일을 미리 정해두면 곤란해지지 않을 것이며 행동을 미리 정해두면 근심하는 일이 없을 것이고 길을 미리 정해두면 곤궁해지지 않을 것이다.

凡事 豫則立 不豫則廢 言前定則不跲 事前定則不困 行前定則不疚 道前定則不窮

아래 자리에 있으면서 윗사람의 뜻을 얻지 못하면 백성을 다스릴 수가 없을 것이다. 윗사람의 뜻을 얻는 데에 방법이 있으니 붕우에게 신뢰를 얻지 못하면 윗사람의 뜻을 얻을 수 없다. 붕우에게 신뢰를 얻는 것에 방법이 있으니 부모를 따르지 않으면 붕우에게 신뢰를 얻을 수 없다. 부모를 따르는 데에 방법이 있으니 자신에게 돌이켜 보아 성실하지 못하면 부모를 따를 수 없다. 자신에게 성실함에 방법이 있으니 선에 밝지 못하면 자신에게 정성스러울 수 없다.

在下位 不獲乎上 民不可得而治矣 獲乎上 有道 不信乎朋友 不獲乎上矣 信乎朋友 有道 不順乎親 不信乎朋友矣 順乎親 有道 反諸身不誠 不順乎親矣 誠身 有道 不明 乎善 不誠乎身矣

정성스러운 것은 하늘의 도이고 정성스럽게 노력하는 것은 사람의 도이다. 정성스러운 것은 노력하지 않아도 딱 맞고 생각하지 않아도 얻어서 조용히 도를 따르는 것이니 성인이나 가능한 경지이다. 정성스럽게 노력하는 것은 선을 택하여 힘써 지키는 것이다.
誠者 天之道也 誠之者 人之道也 誠者 不勉而中 不思而得 從容中道 聖人也 誠之者 擇善而固執之者也

넓게 배우고 깊이 있게 질문하며 신중하게 생각하고 밝게 분별하며 독실하게 행한다.
博學之 審問之 愼思之 明辨之 篤行之

제20장

배우지 않으면 않았지 배웠다면 할 수 없는 것을 그대로 두지 않고, 묻지 않으면 않았지 물었으면 알지 못하는 것을 그대로 두지 않고, 생각하지 않으면 않았지 생각했다면 얻지 못한 것을 그대로 두지 않으며, 분별하지 않으면 않았지 분별했으면 밝혀지지 않은 것을 그대로 두지 않고, 행하지 않으면 않았지 행했다면 독실하지 못한 것을 그대로 두지 않는다. 다른 이가 한 번에 가능하다면 나는 백 번을 하고, 다른 이가 열 번에 할 수 있다면 나는 천 번을 한다.

有弗學 學之 弗能 弗措也 有弗問 問之 弗知 弗措也 有弗思 思之 弗得 弗措也 有弗辨 辨之 弗明 弗措也 有弗行 行之 弗篤 弗措也 人一能之 己百之 人十能之 己千之

과연 이런 방법을 사용할 수 있다면 비록 어리석더라도 반드시 밝아질 것이고 비록 약하더라도 반드시 강해질 것이다.

果能此道矣 雖愚必明 雖柔必强

- 곤제昆弟: 형과 아우. 형제와 같은 의미
- 쇄殺: '죽일 살' '덜어낼 쇄' 여기서는 쇄로 읽고 정도가 점차 작아진다는 의미로 쓰였다.
- 겁跲: '넘어지다' '헛디디다' '잘못되다'
- 구疚: '고질병' '근심하다' '부끄러워하다'

이야기 스물하나

성실함이
위대함이다

나는 미혼이나 비혼의 싱글족이 사회에서 인정되고 또 그 수효가 늘어나는 추세인 것을 다행이라 여긴다. 우스개 같지만 비혼 상태가 튀어 보이지 않을 수 있는 상황이 얼마나 고마운 일인지는 아는 사람만 알 것이다. 늦은 나이까지 결혼을 못하거나 안한 이들에 대한 주변의 과도한 관심은 당사자들을 위축시키기에 충분하다. 십여 년 전만 해도 한국사회에서 적령기에 대한 강박증은 보편적인 것이었다. 이제 21세기 인류들은 개인의 삶의 형식에 대해 훨씬 관대하고 자유롭다. 요즘 벨리댄스 강좌에서 만나는 친구들만 해도 싱글인 나의 상황을 하나의 선택으로 쿨하게 받아들여 준다. 왜 결혼 안했느냐고 따져 묻는 이가 없으니 편안하고 고맙다.

사람들은 보통 자기 경험 안에서 생각하기 마련이다. 그러니 자기가 처하지 않은 상황에 대한 이해는 아무래도 덜 절실

할 수밖에 없다. 그러니 내가 알아채지 못하는 사이에 세상이 다른 식으로 변해주기를 염원하는 수많은 사람들이 있을 것이다. 내가 싱글이 살기 좋은 나라를 바랬던 것처럼 말이다. 요즘 대권 주자로 떠오르는 안철수씨가 『안철수의 생각』에서 우리나라의 낮은 출산율과 높은 자살률에 대해 언급하였다. 우리나라는 OECD 국가 중 자살률 1위의 불명예를 안고 있는데 이는 우리나라의 현재를 반영하는 지표라 한다. 그리고 낮은 출산율은 우리의 미래를 전망하는 하나의 지표가 된다고 했다. 공감한다.

자살하는 사람들이 많다는 것은 이 세상의 삶을 견딜 수 없는 이들이 그만큼 많다는 말이다. 어쩔 수 없이 싱글족에 합류한 사람은 주변의 과도한 관심과 스스로의 열패감으로 극도의 스트레스 상황에 몰리기 쉽다. 이처럼 다양한 이유를 지닌 사람들의 괴로움이 그 높은 자살률 이면에 들어있을 것이다. 기사화 되는 사건을 보면 경제적인 문제로 자살을 선택하는 예가 현격히 많아 보인다. 그러나 큰 이유가 경제적인 문제였다 해도 그로 인해 파생한 다양한 관계와 생활의 문제들이 중첩되어 있을 터이다. 게다가 정신 건강이 취약한 사람이라면 그런 극단적 선택을 할 가능성이 더 많지 않겠는가.

사회가 이렇듯 병리적 현상에 몸살을 앓게 되다 보니 근간의 인기 키워드 중 하나가 힐링healing인 것도 별스러울 것이 없다. 여러 영역에서 치료 효과를 기대하는 시도들이 생기고 그런 것들이 상품화되기도 한다. 텔레비전 오락프로그램도 '힐링캠프'가 대세고 미술치료, 음악치료 같은 것이 등장한 지는 꽤 지났으며 심리치료나 철학치료 같은 분과도 일정한 지분을 차지하는 추세다. 이런 다양한 치료요법들이 지향하는 바는 심리적·정신적 건강을 추구하는 것이다.

수요와 공급은 상호 필요에 의해 자연스럽게 발생한다. 힐링이 유행한다는 것은 그것이 필요한 사회의 조건에 기인한다. 오늘 우리 사회의 많은 사람들이 아프다는 것이다. 아픈 사람들에게는 치유가 급선무다. 개인뿐 아니라 사회적 차원에서의 질병도 적지 않다. 한 사회가 안고 있는 문제가 몇 가지 정리로 분명하게 구획될 수 있는 성질은 아니다. 보통 사람의 눈에도 분명하게 보이는 문제들이 있는 반면에 우리가 전혀 알 수 없는 영역의 원인도 공존할 것이다. 그렇게 다양한 병인으로 인해 오늘의 사람들은 마음과 정신, 몸의 건강을 잃었다.

모든 병인을 막론하고 모든 환자들이 공유하면 좋을 치유책을 『중용』에 근거하여 찾아본다면 어떤 이야기를 할 수 있을까. 실은 동서양의 고전 중에 이런 용도로 활용될 수 있는 책이 적지 않지만 그 중에 『중용』이 백미이다. 우선 자기 마음을 자기 안에 두는 것이 중요하다. "마음이 없으면 보아도 보이지 않고 들어도 들리지 않으며 먹어도 그 맛을 모른다."(『대학』)고

하지 않던가. 이는 나의 주인인 마음을 주인의 자리에 간직하는 일이다. 나의 마음이 명품 백이나 자격시험 같은 데에 달려 있지 않도록 하는 것이다. 좋은 상품이나 훌륭한 스펙이 나를 꾸며주기에 좋은 도구들인 것은 분명하다. 그런데 마치 그것이 나의 중심인양 착각하는 어리석음에 빠지는 순간 나의 마음은 제 자리를 벗어나 허공을 떠돌게 된다.

그렇게 되면 결국 나는 아픈 상태에 처하게 된다. 그러니 우선 내 마음이 내 안에 자리 잡도록 해야 한다. 성실하고 간절한 마음이 내 안으로부터 나올 수 있도록 준비하는 일이 중요하다. 의미 있는 삶이 최대 · 최초 · 최다의 기록 보유자여야 가능한 것은 아니다. 그보다 세상의 원리를 닮은 나의 본성을 스스로 개발하는 일처럼 소중한 성과가 있을까.

자신의 본성을 개발하고 계발하는 일에서 지표가 되는 것은 커다란 성과와 위대한 업적이기 보다 얼마나 성실하게 마음을 다 했는가 이다. 자신과의 약속을 꾸준히 지켜나가는 것은 작은 일이라도 쉽지 않은 일이다. 마음 굳게 다지고 수강 신청한 새벽반 어학원 출석을 자기가 계획한 기간만큼 다니는 일은 어떤가? 일 년 치 이용권을 선불로 처리한 헬스클럽에 포기하지 않고 나갈 확률도 그리 높지 않다. 다른 친구들이 모두 연봉에 따라 거취를 정할 때 의미 있는 삶을 작정하고 박봉의 사회단체를 노크하는 일은 어떨까. 각고의 노력 끝에 일보 전진하는 반면 잠시의 게으름으로 몇 단계 퇴보가 다반사인 연주자나 댄서의 길은 또 어떨까?

발레리나 강수진 씨의 발 사진을 본 적이 있다. 성실한 연습의 끝을 보여주는 뭉게진 발. 그러나 눈물 나게 아름다운 발이 아니던가? 그러고 보면 대부분의 위대한 인물들이 지켜낸 덕목도 결국 정성스러움 혹은 성실함이었던 것 같다. 그 열매가 크던 작든 자기 스스로가 세운 삶의 길을 성실하게 채워가는 일은 무엇보다 위대한 성취이다. 그리고 성실한 삶의 자세는 일상의 작은 일들에서 보여 진다. 예컨대 새벽학원을 가고 헬스클럽에 나가고 학교 강의를 듣고 일터의 기획회의를 하고 무용 연습을 하는 생활의 조각들이 모여서 내 삶을 이루는 것이니 말이다.

자기 마음을 제 자리에 보존하고 마음을 다해 자신의 일상과 마주하는 것이 관건이다. 그리되면 성실한 태도가 기본 옵션일 것이고 거기에 뛰어난 능력까지 추가된다면 금상錦上에 첨화添花이다. 게으르고 무료하며 이익만 추구하고 타성에 젖은 태도로는 갈 수 없는 건강한 세상이다. 그리하여 내 삶을 위한 힐링은 '마음공부'에서 부터! 이것이 『중용』의 메시지이다.

제21장

성실함에 말미암아 밝아지는 것을 성이라 하고 밝음에 말미암아 성실해지는 것을 교육이라 하니 성실하면 곧 밝아지고 밝으면 성실해진다.

自誠明 謂之性 自明誠 謂之敎 誠則明矣 明則誠矣

---

* 성誠: '정성스럽다' '성실하다'는 의미. 어떤 상황에 진정한 마음을 지니고 다가가는 태도를 말한다. 이것이 중용을 실천하는 자세의 핵심이다. 이런 자세를 견지하였을 때 세상의 이치와 동일한 나의 본성을 확인할 수 있다.

이야기 스물둘

지성이면 감천

지성이면 감천이라는 말은 요즘도 흔히 쓰이는 표현이다. 말 그대로 지극한 정성이 하늘을 감동하게 한다는 뜻이다. 하늘을 감동하게 하는 정성은 어떤 것일까.

바리공주처럼 온갖 역경을 극복하고 드디어 아버지를 살릴 약물을 구해 왔다는 이야기는 명실상부한 지성감천의 모델이다. 세상의 그 어떤 관계보다 우선하는 부모와 자식 사이. 그렇게 가까워야할 아버지에게서 버림받은 바리. 어떤 실연이 그보다 아플 것인가. 어떤 상처가 그보다 독하겠는가. 그럼에도 불구하고 딸은 처음부터 끝까지 아버지를 사랑했고 그 사랑을 자신의 목숨을 담보한 고행으로 증거 하였다.

오구대왕의 일곱 번째 딸 바리공주. 오구대왕은 사랑하는 길대부인과의 사이에서 태어날 아이를 고대했다. 기다림 끝에 얻은 첫째 딸은 얼마나 사랑스러웠을까. 둘째도 셋째도 모두 딸이었으나 모두 어여뻤다. 그렇게 첫아이 다음부터는 술술술 딸아이들이 차례로 났다. 사람의 마음이란 얼마나 간사하던가. 아이가 없었을 땐 사랑하는 이와의 사랑의 결실인 아이 하나 내려달라고 기원했다. 그 다음엔 딸 말고 아들 하나 주십사 원을 한다. 그런데 원하는 아들이 아니라 계속 딸이고 그 딸이 일곱 번째에 이르자 아버지는 더 이상 참을 수가 없다. 드디어 아이를 내다 버리라는 참혹한 명령을 내린다. 그렇게 육친에게 버림받은 딸 바리는 어렵게 그러나 곱게 성장한다.

그리고 이번엔 아버지가 죽음에 이르는 병에 걸린다. 아버지를 구할 수 있는 방법은 단 하나. 서천서역에서 나는 약물을 먹는 것. 목숨을 걸어야 하는 길을 선뜻 가고자 하는 이는 아무도 없다. 그토록 애호했던 딸들 누구도 선뜻 나서기는커녕 숨어버린다. 때마침 자신의 출신을 알게 된 바리는 아버지를 구하기 위해 고행의 길을 떠난다.

대반전 스토리다. 그리고 결국 바리는 약물을 구해 돌아와 목숨이 끊긴 아버지를 회생시킨다. 아버지를 구하려는 일념으로 온갖 고초를 겪으며 서천서역국에 다녀오는 사연은 굽이굽이 눈물 없인 들을 수 없는 감동의 파노라마다. 마침내 하늘이 움직였고 아버지를 살렸으며 대화해의 장에 서는 바리공주.

이렇게 바리공주 신화에서는 육친과의 절대적 갈등, 약자에 의한 갈등의 해소, 반전 그리고 화해라는 굵직한 주제들이

들어있다. 민간신화에 등장하는 많은 이야기들이 그렇듯 바리공주 이야기도 사실 보다는 상징에 포인트가 있을 터이다. 그러고 보면 인간들의 세상에는 예로부터 보통의 정서로 이해할 수 없는 끔찍한 사건들이 벌어졌다. 그러니 오늘날 인터넷 포털 사이트 뉴스란을 타격하는 인면수심의 만행들이 유래가 없는 것도 아니다.

물론 그런 무서운 사건의 고리를 풀어 대반전의 화해를 이루고 있다는 데에 초점이 있는 신화의 이야기는 오늘의 정신증적 범죄와는 차원을 달리하지만 말이다. 그리고 반전을 이루는 핵심은 대개 주인공의 간절한 행위에 근거한다. 절대 불가능할 것 같은 사건을 가능하게 하는 동력은 역시 인간의 간절한 정성에서 비롯된다는 상징을 보이려 했을까.

열 번 찍어 안 넘어 가는 나무 없다는 속담은 사랑을 쟁취하는 성공신화를 위해 자주 동원된다. 이 속담은 열 번 찍어서 안 되면 스무 번이고 백번이고 지속한다는 매서운 결의를 의미한다. 그리고 이런 방식이 성공률이 높다는 경험적 통계와 함께 전승되어 왔을 것이다. 그런데 요즘은 이런 식의 방식이 지혜롭지 못하고 무모한 시도라고 비판할 사람들이 적지 않을 것 같다. 한두 번 찍어 넘어 가지 않는 나무라면 일찌감치 포기하고 가능한 다른 나무를 찾아 목표 이동. 쓸데없이 허비되는 노력을 최소화 하는 전략이 더 효율적일 테니까.

속도와 효율을 중시하는 오늘에는 최소의 노력으로 최대의 효과를 거둘 수 있는 방법을 모색하는 것이 미덕이다. 물론 속도와 효율을 중심으로 하여 단기간에 좋은 성과를 내는 것도 의미 있는 일이다. 그런데 인간의 삶은 그런 전략만으로 해석하고 공략할 수 있는 장이 아니다. 삶에는 목적이 있고 수단과 방법이 있으며 지향하는 바가 있다. 성과만 고려하다 보면 자기 삶의 목적이나 지향을 왜곡하고 지워버리는 수가 생긴다. 예컨대 성적 향상을 위해 시험 문제를 부정 유출해내는 경우가 그렇다.

내가 그 일을 해야 하는 이유가 분명해야 한다. 여기에서 가치 있는 일이라거나 행복할 수 있는 조건이라는 등의 항목은 주요한 고려사항이어야 한다. 그러나 현실에서는 주요한 고려사항이어야 할 것들이 무시되거나 우선순위에서 밀려나는 경우가 적지 않다. 이렇게 되면 목표달성에 이르더라도 그 만족도는 신통치 못하기 십상이다.

그러니 그 장에 내가 서야할 이유를 확실히 인지한 다음에 그것을 위한 전략과 방법을 선택해야 한다. 그런 수순이 바탕에 있다면 단순히 속도와 효율에만 주목하지 않고 간절한 마음까지 함께 할 수 있다. 자기가 간절하게 바라는 일을 허투로 할 수는 없다. 간절하게 사랑하는 사람이 병들거나 어려움에 처했는데 외면할 수 있을까. 반면 적당한 조건에 맞추어 선택한 사람이라면 그 조건에는 건강이나 경제력이 포함되었을 것이다. 그런데 그런 조건이 흔들린다면 그들 간의 관계도 금이 갈 것이 분명하다.

그렇다고 간절하게 사랑하는 방식이 특별한 것은 아니다. 늘 곁을 지켜주는 것으로 자기 사랑을 이루어 가는 것. 한 순간에 외면하거나 딴청을 부리지 않는 것. 아침운동의 약속을 지켜가는 우직함. 매일의 연주 연습을 빠뜨리지 않는 끈기. 가족의 식탁을 준비하는 부모의 손길. 매일 조금씩 나아가고자 하는 열의. 그런 마음으로 자기가 선택한 일을 해 나가고, 자기가 선택한 사람과 사랑을 나누는 것. 문제라면 이런 일을 실천하는 것이 말처럼 단순하지 않다는 점이다.

그러니 하루하루 생전 처음 만나는 오늘 앞에서 자신이 지켜왔고 지켜가야 할 일들을 걸고 다짐을 해 본다. 탕 임금이 욕조에 새겨 놓고 매일 되새겼다는 말, '날로 새롭게 또 날로 새롭게日新又日新'의 교훈으로!

포기하지 않고 하루하루 지속해 가는 태도는 성실함과 정성스러움의 핵심이다. "남이 한 번에 하면 나는 백 번을 하고 남이 열 번을 하면 나는 천 번을 한다. 과연 이렇게 할 수 있다면 비록 어리석어도 반드시 밝아지며 비록 약하더라도 반드시 강해질 것이다."(『중용』 20장)의 메시지가 바로 그것이다. 이런 태도야 말로 최선이며 최고이다.

제22장

오직 천하의 지극히 성실한 자여야 자신의 본성을 완전히 할 수 있다. 자신의 본성을 완전히 할 수 있으면 타인의 본성도 완전하게 이해 할 수 있다. 타인의 본성을 완전히 알 수 있으면 사물의 본성도 다 알 수 있다. 사물의 본성까지 다 알 수 있으면 천지의 화육을 도울 수 있다. 천지의 화육을 도울 수 있으면 천지와 같은 자리에 설 수 있다.

惟天下至誠 爲能盡其性 能盡其性則能盡人之性 能盡人之性則能盡物之性 能盡物之 性則可以贊天地之化育 可以贊天地之化育則可以與天地參矣

---

* 진기성盡其性: 본성을 완전하게 함. 본성을 잘 드러내는 일은 정성스러운 성실함으로 삶에 임하는 자세를 보일 때 비로소 가능해진다.

이야기 스물셋

아름다운 연기와
수련의 시간

오늘 올림픽 폐막식 기사가 올랐으니 이제 런던올림픽은 역사가 된다. 나로서는 그저 시원할 뿐이다. 그렇다고 내가 특별히 올림픽경기에 유감을 가진 것은 아니다. 다만 힘 있는 언론 매체들이 모든 창구를 올림픽으로만 열어놓는 분위기가 질색이다. 특히 공중파 3사에서는 올림픽 개최 카운트다운까지 해 가며 온 국민의 축제인양 한바탕 난리였지 않던가. 나처럼 텔레비전을 갖지 않은 사람들 빼고 모든 국민들은 좋든 싫든 올림픽 성찬을 받아먹지 않을 도리가 없었다.

개체국인 영국의 경우 공영방송인 BBC는 정규방송에다 올림픽 특별 섹션을 끼워 넣은 정도의 편성이었고, 유력 신문들은 올림픽에 관심 없는 사람들을 위해 두 가지 편집을 했다고 들었다. 그러니까 올림픽 기사가 궁금하지 않은 사람들은 일반 편집 본 신문을 선택할 수 있었다는 말이다. 쓸쓸한 현실이다.

    이런 경기 외적인 상황에 대한 불편함이 있더라도 그 안에서 펼쳐지는 인간들의 드라마에는 역시 관심이 생긴다. 나도 몇 가지 경기를 우연히 혹은 찾아서 보았다. 그중에 우리나라의 손연재가 출전한 리듬체조 결선 경기는 매우 흥미롭게 시청하였다. 손연재는 첫 올림픽 출전에서 5위라는 놀라운 성적을 받았다. 이 종목 금메달리스트인 러시아의 카나예바의 연기는 압도적으로 황홀한 경지를 보여주었다. 세계적인 선수들 중에서도 수준 차이가 분명한 실력이었다.

    최근 손연재가 매스컴에 자주 오르내려서 그의 존재를 알았지만 아직 어리고 올림픽에서 메달을 기대할 정도의 실력을 갖춘 선수인 줄은 몰랐었다. 그의 연기를 본 것도 이번이 처음이었다. 후프로 시작한 경기를 보며 그의 예쁜 얼굴과 생각보다 뛰어난 기량에 놀랐다. 그는 곤봉에서 실수를 하지 않았다면 동메달도 가능했던 연기를 해냈다. 우리 선수의 연기는 다른 나라 선수들의 그것처럼 편안하게 관람할 수 없었다. 마치 내가 무대에 서기라도 한 것처럼 마음을 조이며 손에 힘을 주게 된다. 정작 이 소녀는 대담하게 자신의 기량을 십분 발휘한 것으로 보였다. 그리고 올림픽 5위의 성적은 우리나라 리듬체조 역사를 다시 쓰는 성과라 한다.

    손연재든 카나예프든 저 선수들이 그런 아름답고 황홀한

기술을 펼치기 위해 하루하루 얼마나 노력을 했을까를 생각하면 마음이 짠하다. 경기 후에 손연재 선수의 발을 보여주는 사진을 인터넷 기사로 보았다. 상처투성이의 발. 안정적이며 정확한 피봇 턴을 연기하기 위해 고투하였을 그들의 발끝이 애처롭기도 하고 아름답기도 하였다. 높은 난도를 연기하고 어려운 동작에서도 발란스를 유지하는 기량을 지니기 위해 그들이 흘렸을 땀과 아픔과 고통들은 경기장에서 보이지 않는다. 그저 아름답고 정확한 동작이나 실수의 순간들만 볼 수 있을 뿐이다.

내가 요가나 몇 가지 댄스 교습에서 배운 점 중의 하나는 약간의 진보는 매우 더딘 반면 몇 단계 후퇴는 대단히 신속하다는 사실이다. 몸의 반응은 매우 정확해서 하루 이틀 게으름을 피우면 분명한 퇴보를 드러내 보인다. 체조 선수들의 연기를 보면서 일단 그 아름다운 동작들에 감탄한다. 다음에는 그 매혹적인 동작들을 구사하기 위해 하루하루 쉬지 않고 달려왔을 시간에 대한 존경의 마음이 솟아난다.

드라마의 여주인공이 미니홈피 대문 사진에 비키니 입은 사진을 올려놓았는데 우연히 남자주인공이 그걸 발견하고는 민망해하는 에피소드가 나왔다. 여주인공 왈 보라고 올려놓은 걸 보고 뭘 그리 민망해 하냐고 쿨하게 한마디 한다. 자기가 그걸 올리기 위해 봄부터 소쩍새가 울듯이 울었다나, 배가 고파서. 보이는 것은 사진의 아름다운 몸매이나 역시 그것을 위한 배고픔의 나날들이 필요했던 것이다.

리듬체조 선수들의 안정된 연기, 여주인공의 늘씬한 비키니 몸매 그리고 보름달. 이런 것들은 모두 우리에게 보이는 상태이다. 이 상태를 『중용』의 방식으로 말하면 변화에서 화의 상태이다. 『중용』에서는 "곡진하면 정성스러울 수 있고, 정성스러우면 나타나고, 나타나면 드러나고, 드러나면 밝아지고, 밝아지면 움직이고, 움직이면 변하고, 변하면 화한다."고 해서 변과 화 각각의 단계를 설명하였다. 초생달이 하루하루 조금씩 살을 더해가는 것이 변하는 것이라면 드디어 보름이 되어 두둥! 둥근달이 되어버린 것이 화이다.

요는 어떤 훌륭한 결과[화]가 거저 던져지는 게 아니라는 말이다. 정성스럽게 하루하루 쉬지 않고 조금씩 쌓아갈 때에 그런 결과를 기대할 수 있다. 우리는 살아가면서 많은 것들을 원한다. 갖고 싶은 것도 많고 되고 싶은 경지도 있다. 그러나 역량 부족이나 좋지 않은 여건 등 수 백가지 이유들로 인해 자신이 원하는 것을 확보하지 못하는 경우가 속출한다.

그러니 『중용』의 이야기가 사실적인 성공 신화의 메뉴얼이라 말하기는 어렵다. 그러나 최소한 이런 글이 주는 상징적인 의미는 합리적이다. 간절하게 원하고 그것을 실현하는 방법을 모색하고 그 길을 꾸준히 가고 그것을 통해 결과를 얻는 것 말고 더 설득하기 좋은 삶의 방법을 알지 못한다.

그리고 결과의 성패 보다 이런 지향을 지닌 자세의 아름다움에 초점이 있다.

아기 새가 나는 연습을 한다는 의미를 지닌 글자가 습習이다. 제아무리 멋진 비상을 하는 송골매라도 알에서 막 깨어난 순간이 있었다. 어미 새에 의지하는 시간을 지나 하루하루 비틀비틀 나는 연습을 하고 그런 시간을 버텨 낸 자만이 결국 비상의 결과를 맛 볼 수 있다. 『논어』첫 문장에서 "배우고 그 배운 것을 때에 맞게 잘 익히면 또한 기쁘지 않겠는가![學而時習之不亦說乎]"가 바로 그런 의미이다.

멋진 수영선수를 보고 수영 강습을 시작했는데 강습 처음에 배우는 것은 발차기. 한동안 발차기와 물에 머리 넣는 연습이다. 이것이 시시하고 재미없으면 더 이상의 진보는 기대하기 어렵다. 하루하루 유치한 단계를 거치고 조금씩 나아지다가 결국 버터플라이의 멋진 기술을 습득하게 되는 것이다. 이렇게 변화된 모습을 만나는 것의 기쁨은 경험한 자들만의 것이다. 글로 배울 수 있는 게 아니라서 말이다.

제23장

그 다음은 곡진함을 이루는 것이다. 곡진하면 정성스러울 수 있고 정성스러우면 나타나고 나타나면 드러나고 드러나면 밝아지고 밝아지면 움직이고 움직이면 변하고 변하면 화한다. 오직 천하의 지극히 성실한 자만이 화를 이룰 수 있다.

其次 致曲 曲能有誠 誠則形 形則著 著則明 明則動 動則變 變則化 唯天下至誠 爲能化

---

* 변화變化: 보통 변화라는 단어로 사용하지만 변과 화를 따로 쓰면 각 글자의 뜻이 분명해진다. 변은 점차로 바뀌어 가는 상태를 말한다면 화는 그를 통해 질적으로 다른 상태가 되는 것을 가리킨다. 변에 근거하여 화를 이루는 것이다.

이야기 스물넷

마인드컨트롤의 갑

"행복해서 웃는 게 아니라 웃어서 행복하다." 긍정의 힘을 말할 때 자주 인용하는 말이다. 좋은 쪽으로 생각하자고 마음을 한 번 다잡은 뒤의 얼마 동안은 그 약효를 볼 수 있는 게 사실이다. 날이 더워서, 난폭한 운전자들 때문에, 일이 풀리지 않아서, 연애가 꼬이니까, 맛집이 아닌 관계로. 하루하루 순간순간 나를 열 받게 하는 사건들을 꼽자면 한이 없다. 이마에 내천자를 그리고 불쑥불쑥 튀어나오는 욕설로 해서 스스로 놀라기도 하며 불행한 처지에 빠지는 것도 시간문제다.

불쾌하고 불행한 심정이 되어서 나아지는 상황은 아무것도 없다. 오히려 다운되는 기분을 가속화하기가 십상이다. 그럴 바에야 쿨하게 기분을 전환하는 편이 심신의 건강을 위한 현명한 선택이다. 근간에 자기계발 영역에서 중심 키워드 중의 하나로 자리 잡은 것이 '긍정의 힘'이다. 긍정의 힘을 검색하면 조엘 오스틴Joel Osteen의 책이 대표적으로 거론된다. 동명의 제목으로 출간된 이 책의 원제는 'Your best life now'이다. 이 책에서는 현재가 최고의 삶이 될 수 있는 방법을 제시한다. 그것은 비전을 키우고, 건강한 자아상을 일구며, 생각과 말의 힘을 발견하며, 베푸는 삶을 사는 것 등으로 설명된다.

굳이 저자의 종교 색을 따질 필요 없이 일반적으로 공감할 수 있는 제안이다. 결국 자신의 마음수양이 관건이라는 주장이니 말이다. 『중용』의 방식으로 말하면 이것이 곧 '지극히 정성스러운' 삶의 태도이다. 『중용』에서는 '지극히 정성스러운' 태도로 삶에 임하면 미래의 예측도 가능하다고 한다. 그래서 "지극이 정성스러운 도는 미리 아는 것이 가능하다. 국가가 장차 흥할 것이라면 반드시 상서러운 조짐이 있을 것이고 국가가 장차 망할 것이면 반드시 요사한 재앙이 있을 것이다."고 했다.

이것은 미신적인 예단을 말하는 것이 아니다. 뿌린 대로 거두고, 노력한 만큼 보상을 받을 것이라는 건강한 맥락을 지적한 것이다. 마음을 다해 정성을 쏟는다면 반드시 좋을 결과를 얻을 것이라는 믿음을 표현한 말이다. 긴 안목으로 보았을 때 이런 생각은 옳다. 한 사람은 자신의 마음을 다해 그 일을 추진하였고 다른 한 사람은 결과만을 위한 양적 노력에 치중하였다면 한 시점에서 비슷한 산출을 내었다고 해도 궁극적으로 양자의 성과는 동일하지 않을 것이다. 그것은 뿌리 깊은 나무가 거센 바람에도 쉽게 꺾이지 않는 이치와 같다.

그러니까 하루하루의 삶에 지극한 정성을 쏟는다는 말은 자기 삶의 뿌리를 견고히 내리는 일이다. 그리고 지극하게 정성스럽게 행동한다는 것은 무분별한 우직함을 뜻하지 않는다. 자기 삶의 최선을 선택하는 지혜에 기초한 우직함이다. 이는 자신의 마음 수련을 통해 얻어지는 자질이다. 이런 마인드가 존재하기 때문에 미래를 예측하고 대비할 수 있는 역량이 만들어진다. 이런 태도를 지닌 사람을 누가 이길 수 있을까. 참으로 힘이 센 인격의 탄생이다.

오래전에 미국의 프린스턴대학의 샘 글럭스버그$^{Sam\ Glucksberg}$는 책상위에 촛농을 떨어뜨리지 않고 초를 세우도록 하는 실험을 했다. 이른바 '양초실험$^{Candle\ problem}$'이다. 실험자는 이 실험을 통해 창의적인 문제를 푸는 데에는 당근 보다 자발적 동기가 더 중요하다는 결론을 내렸다.

책상 위에 두 개의 양초와 압정이 들어 있는 압정통을 놓고 실험자는 피실험자들에게 요구한다. 양초에 불을 붙이고 촛농을 떨어뜨리는 일이 없이 초를 책상 위에 세우시오! 그런데 놀랍게도 압정통을 이용하여 초를 세우면 된다는 간단한 사실을 알아차리는 데에는 적지 않은 시간이 필요했다고 한다. 더 재미있는 것은 같은 실험을 두 집단에게 실시하였는데 a군에게는 상금을 걸고 시간을 단축할수록 많은 상금을 받을 수 있다는 조건을 주었다. b군에게는 상금 조건 없이 시간 단축만을 요구하였다.

언뜻 생각하면 성과급 제안을 받은 집단의 성적이 더 좋았을 것 같지만 이 실험의 결과는 그 반대의 결론이 났다. 창의적 마인드가 필요 없는 단순 노동에 대해서는 성과급과 같은 조건이 효율을 높이는 수단이 되지만 창의와 혁신을 요구하는 작업에서는 외적 조건보다 자발적 동기가 중요하다는 것이 이 실험을 통해 강조되었다.

그리고 지금의 세상은 맨파워Man power에서 마인드파워Mind power로 중심이 이동된 사회이다. 이는 양적 성장 보다 질적 성장을 요구하는 사회라는 말이다. 질적 성장은 창의, 혁신의 사고에 기초하여 다져질 수 있다. 그러므로 오늘의 사회에서는 자발적 동기가 충만한 사람이 요구되고 각광을 받을 수밖에 없다.

이 시대가 요구하는 인재상의 키워드가 되는 자발적 동기에 충만한 인격은 어떻게 키워질 수 있는가. 최신의 이론에 대한 답안을 고전에서 찾는 재미는 쏠쏠하다. 오래된 미래라고 했던가. 고전이 고전일 수 있는 이유는 시공을 초월한 보편적 문제를 내재하고 있다는 데에 있다. 이런 의미에서도 마인드 컨트롤의 『중용』 버전인 '정성스러움[誠]'을 새겨 볼 필요가 있다. 내가 정성들여 하는 일이라면 내용을 알차게 하는 것은 기본이고 겉모양까지 보기 좋게 하려는 시도가 첨가되기 마련이다. 당연히 어쩔 수 없이 시간만 채우는 노동과는 질적인 차이가 생긴다. 사랑하는 사람을 위해 만드는 음식과 어쩔 수 없는 의무감으로 만드는 음식은 재료가 같더라도 다른 빛깔과 맛을 낼 수밖에 없다. 식물들도 따뜻한 말을 해 주거나 음악을 들려주는 등의 정성을 알아챈다지 않는가.

정성스러움으로 훈련된 마인드는 현실의 다양한 상황들에 가장 적절한 대처를 하려는 방향으로 움직여 줄 것이다. 강하고 부드럽고 짧고 긴 각각의 방식을 유연하게 내어 놓을 수 있는 역량이다. 강한 데에는 힘을 빼고, 너무 무른 곳에서는 다소 강하게, 방만한 환경에는 결을 세워서, 경직된 분위기라면 유연한 태도로 대응하는 것이다. 이렇게 최적의 상태를 찾아가는 마음의 나침반은 섬세하고 정성스러운 것이어야 한다. 이런 마음은 무모하게 긍정을 기대하는 것이 아니라 정성을 다해 긍정적인 지점을 찾아가는 노력으로 현실화된다.

제24장

지극히 정성스러운 도는 미리 아는 것이 가능하다. 나라가 장차 흥할 것이면 반드시 상서로운 징조가 있을 것이고 나라가 장차 망할 것이면 반드시 요사한 재앙이 생길 것이다. 그것들은 시초나 거북점에서 나타날 것이며 사람들의 행동에서도 움직일 것이다. 화나 복이 장차 이를 것이면 좋은 것도 반드시 먼저 알 수 있고 좋지 않은 것도 반드시 먼저 알 수 있을 것이다. 그러므로 지극히 정성스러운 것은 마치 신과 같다.

至誠之道 可以前知 國家將興 必有禎祥 國家將亡 必有妖孽 見乎蓍龜 動乎四體 禍福將至 善 必先知之 不善 必先知之 故至誠 如神

- 지성至誠: 지극히 정성스러움. 『중용』의 가장 중요한 키워드이다.
- 정상禎祥: '상서러울 정' '상서러울 상'
- 요얼妖孽: '요사할 요' '재앙 얼'

이야기 스물다섯

공감,
관계의 힘

"내가 그의 이름을 불러 주기 전에는 그는 다만 하나의 몸짓에 지나지 않았다. 내가 그의 이름을 불러주었을 때 그는 나에게로 와서 꽃이 되었다."

한국인의 애송시 '꽃'의 일부이다. 긴 설명이 없어도 고개가 끄덕여지는 상징. 오랜 세월 동안 사람들에게 회자되는 데에는 그만한 이유가 있는 법이다.

세상에는 수많은 꽃들이 있다. 들에도 산에도 각가지 꽃이 지천으로 피고, 정원이나 아파트 베란다의 화분에도 꽃은 자란다. 보통명사로서의 꽃은 그렇듯 다양하게 대량으로 존재한다. 그런데 어느 날 여행길에 시골집 담장 밑의 접시꽃 한 줄기가 내 눈을 사로잡는다. 무심한듯하면서 한편으로 누군가를 기다리는 듯한 모양이 심상치 않아 보인다. 이쯤 되면 아마도 감정이입이 된 눈으로 그 꽃을 대면하는 모양이지 않은가. 이제 그 꽃은 보통명사로서의 꽃이 아니라 나의 심리가 반영된 매체가 된다. 순간적으로 그 꽃과 나는 교감을 했고 그 동안에 특별한 감정과 의미가 오고간다.

어디 꽃만 그럴 것인가. 보통명사로서의 인류 중의 누군가는 내게로 와 친구가 되고 연인이 되고 스승이나 제자가 된다. 나의 연인이 된 그는 이제 더 이상 인류로 파악되는 단순한 인간이 아니다. 나와 정서적으로 교감하고 많은 것들을 나누는 특별한 존재이다. 그 때문에, 그를 위해 내가 소중하게 생각하는 많은 것들을 기꺼이 내어 놓을 수 있는 관계가 되어버렸다. 그는 내게로 와서 개별적이며 특수한 의미를 지닌 '무엇'이 된 것이다.

어떤 사물이나 사람과 내가 개별적이며 특수한 관계맺음을 했다는 것은 상호간에 공감共感의 영역이 생겼다는 말이다. 공감이란 그와 내가 같은 성질의 심리상태를 경험하는 것이다. 서로가 다른 개체인 것은 인정하지만 그 사이에 흐르는 동질성을 적극적으로 포착하고 즐기는 것이다. 나는 공감의 영역이 넓을수록 사랑이 깊은 관계라고 생각한다. 누구라도 사랑을 말하지만 그들이 생각하는 사랑의 내함은 서로 다를 수 있다.

공자 사상의 핵심은 인仁이다. 인이라는 한자는 두 사람을 의미한다. 나아가 두 사람 사이의 친밀함을 유지하는 것이 인이고 그것은 곧 사랑이다. 공자가 말하는 사랑이란 상대에 대한 이해에 기초한 배려이다. 이 배려를 통해 상대가 더 잘 살수 있도록 돕는 것이 그와 친밀함을 유지하는 사랑이다. 이런 정리는 『주역』 계사전의 한 문장으로 분명해진다. 그 문장은 "이 세상의 가장 기본이 되는 원리는 살리는 정신이다![天地之大德曰生]"라는 말이다. 공자는 이것이 바로 인이라고 해설했다. 서로가 상대를 배려하고 잘 살 수 있도록 하는 것이 서로 사랑하는 일이고 이것이 곧 상생相生이다.

이러한 사랑의 정신은 이 세상에 존재하는 모든 것들이 하나의 동아리라는 의식에서 가능한 일이다. 천인합일天人合一이라는 개념은 자연과 인간이 같은 원리로 존재함을 표현한다. 자연과 인간이 같은 동아리이니 사람과 사람은 더 말할 것도 없다. 그러니 유가식 사랑은 친친親親 · 인민仁民 · 애물愛物로 확대발전해 가기를 지향한다. 친친은 육친을 사랑하는 것이다. 자연발생적인 가족 간의 사랑을 체험하는 것에서 인의 실질을 배우고 이에 바탕 하여 가족 이외의 사람들도 사랑할 수 있는 힘을 기른다. 나아가 동물이나 사물까지 애호하는 심정을 키워가는 것이다. 존재론적으로 나와 대상은 공감의 가능성을 지니고 있기에 이러한 실천이 가능하다.

친족을 사랑하고 사람들을 사랑하며 주변의 모든 환경까지 애호하는 마음은 『중용』의 '정성스러움[誠]'을 실천하는 과정이다. 정성스러운 마음이 있어야 타인을 이해하고 공감하는 틀을 마련할 수 있다. 그런 마음이어야 비로소 그 사람이나 저 꽃이 내게로 와서 특별한 '무엇'이 될 수 있지 않겠는가. "정성스러움은 어떤 일의 끝이며 시작이니 정성스러움이 없다면 아무 것도 없는 것이나 마찬가지다. 이런 까닭에 군자는 정성스러움을 귀하게 여긴다."고 한 말이 그런 의미이다. 그러나 내 안에 그를 향한 정성스러운 마음이 없다면 아무리 멋진 대상이 내 앞에 있더라도 마치 아무 것도 없는 것이나 마찬가지인 상태. 그저 보통명사로서의 인류, 꽃이 존재할 뿐 나의 사람, 나의 꽃은 없는 것이다.

진정성 있는 나의 태도야 말로 상대의 의미를 내 안에 들여놓을 수 있는 기초이다. 진정으로 정성스러운 마음이어야 상대의 공감을 이끌 수 있다. 마음이 없는 화려한 수사로는 일시적 즐거움을 줄 수는 있겠으나 상대의 마음을 얻기는 어렵다. 좋은 선물과 듣기 좋은 말도 그 안에 상대를 향한 진정성 있는 마음이 들어 있을 때 빛을 발할 수 있다.

요즘 광고계의 키워드 중 하나도 공감이다. 물건의 구매를 호소할 때에도 소비자의 공감을 끌어내는 것이 중요하다는 말이다. 자본의 논리로만 접근하는 데에 한계를 만난 것일까. 자본을 운용하는 주체는 인간이고, 소비자 역시 인간이다. 그러니 단지 구매자로서의 소비자에게 다가가는 형식이 아니라 인간 존재의 이해에 기반 한 이야기여야 공감을 통한 소구가 가능하다. 이렇게 소비자의 마음을 얻어야 그 지갑도 열릴 수 있다는 생각이다.

더우면 에어컨이나 선풍기를 필요로 하고 추울 때는 보온 효과를 높이는 물건을 찾는다. 이런 것처럼 공감이나 사랑이 강조된다는 것은 지금의 사회에 그런 것들이 부족하기 때문일지 모른다. 전에 없이 IT기술이 발달한 오늘의 세상. 거의 모든 사람들이 스마트폰을 가진 시대. 이에 따라 지금은 SNS가 비약적으로 진보하고 즉각적으로 타인들과 교류하는 것이 가능한 시대이다.

이렇듯 관계의 편리성이 확보된 오늘, 온라인상에서는 다양한 인맥이 클릭 몇 개로 맺어진다. 그러나 아이러니한 일은 정작 오프라인 상에서의 관계 맺기의 어려움을 토로하는 목소리가 높아진다는 사실이다. 게다가 클릭 한 두 번으로 친한 관계가 된 온라인상의 친구들은 클릭 한번으로 그 관계를 감쪽같이 말소해버릴 수도 있다는 것. 제아무리 온라인상의 활동이 활발하고 재미있다 해도 결국 사람은 실제의 장에서 관계를 맺으며 살아가야 한다.

일이 이렇게 되다 보니 오늘날 다시 진정성을 지닌 관계를 요구하는 의견이 성한 것도 이상한 일이 아니다. 지금 우리는 기계의 터치와 클릭이 아닌 마음으로부터 출발한 만남이 절실한 시대를 살고 있다.

제25장

정성스러움은 스스로 이룬 것이고, 도는 절로 도가 된다.
誠者 自成也 而道 自道也

정성스러움은 어떤 일의 끝과 시작이니 정성스러움이 없다면 아무 것도 없는 것이나 마찬가지이다. 이런 까닭에 군자는 정성스러움을 귀하게 여긴다.
誠者 物之終始 不誠 無物 是故君子 誠之爲貴

정성스러움은 자신을 이루는 것에서 그치지 않고 다른 사람도 이루어 준다. 자신을 이루는 것은 인이고 타인을 이루어 주는 것은 지혜이니 이것은 본성이 가진 덕으로 내외가 합하는 도이다. 그러므로 이것이 때에 맞게 조처하는 마땅함이다.
誠者 非自成己而已也 所以成物也 成己 仁也 成物 知也 性之德也 合內外之道也 故 時措之宜也

---

* 시조時措: 때에 맞게 조처함. 여기서의 시時자는 '때에 맞게'라는 의미이다.

이야기 스물여섯

시간의
체감속도

사랑하는 이와 함께하는 한 시간은 순식간에 달아나지만 같이 일하기 싫은 동료와 마주한 한 시간은 숨 막히게 더디 간다. 지각의 위기에 처한 순간의 오 분은 쏜살같이 사라지지만 동료들 앞에서의 오 분 스피치는 쉽사리 채워지지 않는 시간이지 않던가. 같은 분량 동일한 부피가 내 상황이나 곁에 함께하는 이에 따라 천차만별로 이해되는 건 현실이다. 그리하여 현실적 감각 하에서 시간은 상대적으로 흐른다. 그러니 마인드컨트롤을 학습하고 긍정의 힘을 역설하는 일들은 현실을 반영한 삶의 대처 방식에 틀림이 없다.

    누구에게나 주어지는 하루, 24시간. 가끔 지루한 때가 없는 것은 아니지만 대부분 거짓말처럼 빠른 속도로 스쳐 간다. 일 주 일, 한 달, 일 년도 하루와 다르지 않게 흘러가서 한 살 더 먹는 일이 사소한 사건이 되어버린 지 오래다. 달달한 세뱃돈과 한 살 더 먹는 뿌듯함이 있는 설날을 애타게 기다리던 시절이 끝났다는 것은 유년 시절의 끝과 같은 말이다. 이제 성인이 되면 시간과 세월의 정신없는 질주에 멀미가 날 지경이다. 나이를 더할수록 시간의 속도는 더 빠르게 느껴져서 나이에 정비례 하는 아찔한 속도감을 견뎌내야 한다.

요사이 우리나라의 평균 기대 수명은 약 80세이고, 건강하게 지낼 수 있는 평균 나이도 70세 근처에 가 있다. 아무리 하루가 빨리 지나고 일 년이 순식간에 사라져버린다 해도 인생 70년은 그리 간단한 숫자가 아니다. 공자는 "마음이 하고자 하는 바를 따라 해도 법도를 넘지 않는다.[七十而從心所慾不踰矩]"로 칠십여 년의 일생을 결산했다. 얼마나 멋진 자리인가. 하고 싶은 대로 하면 그것이 곧 가장 멋진 행동이 된다니!

당연한 일이지만 이렇게 훌륭한 결산은 거저 주어지지 않는다. 공자는 청년기에 학문에 뜻을 세운 다음에 다양한 가치들을 배우면서 자신의 가치관을 확고히 정립(립)하는 시간을 거쳐야 한다고 했다. 그런 다음에는 자신의 삶의 방향을 의심하지 않는 단계(불혹)를 거치고 세상의 이치를 제대로 이해하는 지점(지천명)도 건너야 한다. 그리고 타인을 폭넓게 이해하고 포용하는 품(이순)을 지닌 후에야 비로소 그러한 결산이 가능해진다고 했다. 차근차근 쉬지 않고 걸어 온 사람만이 만날 수 있는 자리이다.

어떻게 사는 것이 잘 사는 길일까? 삶의 구비마다 스스로에게 질문을 한다. 그러나 질문은 분명하나 그 답은 오리무중이기 십상이다. 이럴 때 유학에 대한 이해가 있는 이라면 좋은 답안 하나를 건질 수 있다. 유학에서는 포기하지 않고 지속하는 삶의 태도를 제안한다. "지극한 정성스러움은 그치지 않는다. 그치지 않으면 오래 갈 수 있고 오래가면 흔적이 생긴다."고 한 것이 그런 한 예이다. 한방에 인생역전을 꿈꾸는 생각은 애당초 설 수 없는 의식이다. 성실한 자세로 포기하지 않고 걸어가는 자만이 인생의 결실을 제대로 거둘 수 있다는 신념이다.

『주역』은 건괘에서 시작하여 미제괘에서 64괘가 완성된다. 미제未濟는 '아직 처리되지 않았다'는 뜻이다. 그런데 63번째 괘는 기제旣濟, '이미 처리 되었다'이다. 그러니까 책의 구성이 이미 처리된 상황 다음에 아직 처리되지 않은 상황에서 끝을 맺은 것이다. 이는 물극필반物極必反(상황이 극에 달하면 반드시 반전된다)이라는 『주역』의 세계관을 보여주는 구성이다. 이 책의 기본 사상은 세상의 모든 것은 변화의 과정에 있다고 파악하는 관점이다. 이에 따르면 어떤 한계상황이 왔을 때 예상되는 다음 지점은 대단원의 막이 내리는 장면이 아니라 국면전환이다.

어떻게 지혜롭게 국면을 전환할 수 있을지를 고민하도록 하는 것이 이 책의 가르침이다. 아무리 어려운 상황이라도 그 다음에는 전혀 다른 처지에 설 수 있고, 제아무리 좋은 상황도 그대로 머물 수 없기에 역시 다음 장면을 대비해야 한다. 다음에 올 상황을 예비하고 그에 대처하기 위해서는 잘 움직여야 한다. 절망의 순간에서 멈추거나 환희의 장면에서 취해버리는 것은 똑같이 어리석은 삶의 자세이다.

 자살률 1위의 오명을 지고 있는 오늘의 한국사회는 전면적인 반성이 필요한 시대이다. 특히 청소년들이나 청년들의 극단적 선택은 가슴 아픈 일이다. 그리고 그들과 같은 나라에 살았던 성인들은 무거운 책임의식에서 자유롭기 어렵다. 그들은 어른들이 만들어 놓은 구조를 견디지 못해서 극단의 길을 택했다. 고통과 절망에 대처할 수 있는 메뉴얼을 배우지 못했다. 과거에서 미래로 흐르는 시간의 전체를 바라볼 수 있는 시선을 알려주었다면. 그리하여 지금 만나는 장면이 삶의 전부가 아님을 알 수 있도록 해주었다면. 적어도 『주역』에서 가르쳐 주는 어제와 오늘, 그리고 내일을 바라보는 시선을 공유하는 방법을 고민하였더라면.

 심각하고 부담스러운 예이지만 오늘을 사는 사람들이 같이 고민해 보아야 할 문제인지라 언급해 보았다. 그처럼 극단적인 상황은 아니라도 우리는 누구나 삶의 구비마다 힘들고 어려운 순간들에 직면한다. 어제까지 의심하지 않았던 연인이 내가 알던 것과 전혀 다른 사람이 되어 이별을 말할 수도 있다. 누구는 어느 맑은 가을날에 황당한 실직 통고를 받을 수도 있다.

갑작스런 발병으로 급한 수술을 받아야 할 경우도 있을 것이고 오르지 않는 성적 때문에 고통스러운 일도 다반사다.

숨을 쉴 수 없을 정도로 고통스러웠던 사건도 시간이 흐르면 고통의 농도가 흐려지고 생각보다 빨리 맛있는 밥을 찾아 나설 수도 있다. 어떤 고통도 어떤 달콤함도 같은 정도의 느낌으로 지속되지는 않는다. 변하고 달라진다. 잘하면 그 아팠던 경험 덕에 이번엔 멋진 새로운 국면과 조우할 수 있다. 그러니 시야를 넓히고 내일을 기대하는 선택을 하는 것이 지혜로운 결정이다. 어제의 아팠던 경험은 나를 더 아름답고 단단하게 만드는 자양이 될 것이다.

내가 마주한 이 순간이 중요한 시간이라 해도 지금이 다가 아니다. 이것이 마지막이 아니다. 국면은 전환된다. 어떻게 바꾸어갈 것인가는 나에게 달려있다. 더 좋게도 더 나쁘게도 변할 수 있다. 될 수 있으면 긍정적 전환을 도모하는 방식을 연습하는 것이 최선이다. 씨를 심고 물과 정성을 주어 잘 자라도록 돌보고 태풍에 주의한 다음에 드디어 결실을 얻는 전체과정을 이해해야 한다. 결실만 원하거나 태풍만 보고 지레 겁을 먹는 일은 모두 지혜롭지 못하다. 그렇게 차근차근 쉬지 않고 자기 앞의 당면과제들에 대처해 가면 반드시 자기 삶의 흔적은 만들어 질 것이다.

그침이 없는 성실함으로 나아갈 경우 결국 "드러내려 하지 않아도 드러나고, 움직이려 하지 않아도 변하며 특별히 뭔가를 하려고 하지 않더라도 이루어질 것이다."라고 했다. 이것이 아름다운 삶을 완성해가는 매우 분명한 팁이다.

제26장

그러므로 지극한 정성스러움은 그침이 없다.
故至誠 無息

그침이 없으면 오래 갈 수 있고 오래갈 수 있으면 흔적이 남는다.
不息則久 久則徵

흔적이 남으면 오래 멀리 갈 수 있다. 오래 멀리 갈 수 있으면 넓고 두텁고, 넓고 두터우면 높고 밝다.
徵則悠遠 悠遠則博厚 博厚則高明

넓고 두터운 것은 일을 싣는 바탕이고 높고 밝음은 일을 덮을 수 있는 바탕이며 유구함은 일을 이루는 바탕이다.
博厚 所以載物也 高明 所以覆物也 悠久 所以成物也

넓고 두터운 것은 땅과 짝하고 높고 밝음은 하늘과 짝이 되며 유구함은 한계가 없다.
博厚配地 高明配天 悠久無疆

이와 같은 사람은 드러내려 하지 않더라도 드러나고 움직이려 하지 않더라도 변하며 하려고 하지 않아도 이룬다.
如此者 不見而章 不動而變 無爲而成

제26장

천지의 도는 한마디로 다 표현할 수 있으니 그 도의 성격은 두 마음이 없다. 그러므로 물을 생성하는 것을 다 헤아릴 수 없다.
天地之道 可一言而盡也 其爲物 不貳 則其生物 不測

천지의 도는 넓고, 두텁고, 높고, 밝고, 멀리가고, 오래간다.
天地之道 博也厚也高也明也悠也久也

지금 저 하늘을 보면 밝은 것들이 모여 있는 것 같은데 그 무궁함이 이르러서는 해와 달과 별들이 매달려 있고 만물을 덮고 있다. 지금 저 땅은 한 줌의 흙이 모여 있는 것 같은데 그 넓고 두터운 데에 이르러서는 높은 산을 싣고도 무겁게 여기지 않고 강과 바다를 품고도 새지 않으며 만물을 싣는다. 지금 저 산은 한 주먹의 돌이 모여 있는 것 같은데 그 광대함이 이르러서는 초목이 살고 짐승들이 거하며 보석들이 나온다. 지금 저 물은 한 바가지의 물이 모여 있는 것 같은데 그 헤아릴 수 없는 데에 이르면 자라와 악어, 교룡과 물고기 거북이들이 살고 재화가 증식한다.
今夫天 斯昭昭之多 及其無窮也 日月星辰 繫焉 萬物 覆焉 今夫地一撮土之多 及其廣厚 載華嶽而不重 振河海而不洩 萬物載焉 今夫山一券石之多 及其廣大 草木生之 禽獸居之 寶藏興焉 今夫水一勺之多 及其不測 黿鼉蛟龍魚鼈生焉 貨財殖焉

시경에 이르기를 "오직 하늘의 명이 아아! 깊고 그윽하여 그침이 없도다!"
라고 했다. 이는 하늘이 하늘이 된 근거를 말한 것이다. "아아! 빛나지
않는가. 문왕의 덕의 순일함이여!"는 문왕이 문왕이 된 이유를 말한
것이다. 순일하고 또 그침이 없는 것이다.

詩云 維天之命 於穆不已 蓋曰天之所以爲天也 於乎不顯 文王之德之
純 蓋曰文王之所以爲文也 純亦不已

- 물物: 물건이라는 뜻으로 주로 쓰이지만 여기서는 더 넓은 의미로 사용되었다. 사람과 사물 등 세상의 모든 일을 가리키는 말이다.
- 촬撮: 촬영이라는 단어에도 쓰이지만 여기서는 '손가락으로 잡다'는 의미로 쓰였다.
- 오於: '어조사 어' '감탄사 오' 감탄사일 때는 오로 읽고 '아!'라고 푼다.

이야기 스물일곱

『중용』의 셀프리더십 핵심가치

2012년에서 2013년으로 향하는 올 겨울은 근래 유례없는 강추위가 기승이다. 십이월 들어 급하게 몰려온 한파는 미처 마음의 준비를 못한 사람들의 허를 찔렀다. 눈도 자주 내려서 십이월 한 달 동안 대여섯 번의 많은 눈을 만났다. 2012년의 마지막 날인 오늘도 영하 십 도를 넘나드는 추위에 엊그제 내린 눈은 아름다운 눈꽃이 되었다. 그런 아름다운 풍경은 꽁꽁 언 사람들의 마음을 잠시나마 훈훈하게 해 준다.

지난 19일 치러진 대선에서는 51%의 지지를 얻은 여당후보가 대통령에 당선되고 48%를 얻은 야당후보는 낙선하였다. 역대 낙선자 중 최대의 지지를 얻었다는 야권후보를 지지했던 이들의 상실감은 예상보다 컸다. 변화를 열망하는 마음들이 그만큼 강했던 것이다. 바램을 이루지 못한 사람들은 마음이 아프고 정신이 피로하여 대대적인 힐링이 필요하다는 진단이 나오는 중이다.

마음이 제 자리에 있지 않으면 보아도 보이지 않고 들어도 들리지 않으며 먹어도 그 맛을 알지 못한다지 않던가.[心不在焉 視而不見 聽而不聞 食而不知其味] 감각기관이 제대로 기능하지 못한다는 의미다. 그러고 보면 이 마음자리라는 것은 참 묘하다. 같은 상황에 대한 태도가 달라지는 것은 그 마음이 어디에 있는가에 따른다. 누가 봐도 어려운 일인데 흥을 내며 기꺼이 몰두하도록 하는 마음이 있는가 하면 너무 간단한 일인데도 지친기색으로 아예 시도조차 포기하는 마음도 있으니 말이다.

방금 사랑에 빠진 청년이 연인과의 데이트를 앞두고 있다면 일터의 과중한 업무까지 달달하게 여길지 모른다. 반면 실연을 당한 이의 정처 없는 마음은 모든 일에 흥미를 느끼지 못하는 것이 당연하다.

그러니 그 사람이 어느 정도의 내공을 가졌는가는 그 마음 씀씀이를 통해 확인된다. 자신의 입지를 넘어서서 마음을 제 자리에 둘 수 있는가. 자신의 사욕을 접어두고 일의 공정함과 그렇지 않음을 구분할 수 있는가. 나아가 다소 힘든 조건이라도 공정한 쪽을 택할 수 있는가. 다른 이를 배려하는 마음의 폭을 지니고 있는가.

『중용』에서는 그런 마음을 "윗자리에 있더라도 교만하지 않고 아랫자리에 있어도 자신의 신념을 배반하지 않는다.

이런 까닭에 나라에 도가 있으면 그 말이 충분히 살려지고 나라에 도가 없으면 그의 침묵을 용인할 수 있다."(27장)는 식으로 표현했다. 자신의 현실적 입지에 따라 적절하게 자신이 믿는 바를 밝히고 그대로 추진할 수 있는 능력자이다. 자기가 서 있는 상황에 좌우되어 바른 판단에서 비껴나 있는 마음과는 다른 품격이다.

이런 건강한 마음자리에 대해 읽으며 나의 생활을 돌아보니 한숨이 절로 나온다. 굳이 신경을 곤두세울 필요가 없는 상대에게 파르르하는 가벼운 마음. 그 사람의 피로한 삶이 그런 과장된 표현을 하게 했음을 알면서도 보듬어주기보다 분명하게 잘잘못을 따지고야 속이 시원한 저렴한 태도. 그와의 신경전에서 이기고 지는 것이 내 삶을 위해 그리 비중 있는 일이 아님을 잊곤 하는 무신경함.

그 순간이 지나고 보면 아차 하는 마음에 얼굴이 뜨거워진다. 마음의 중심을 잡지 못하고 당장의 기분에 따라 응대한 뒤에 남는 것은 결국 성취감의 반대편이다. 상대가 강하고 힘이 있는 자라도 주눅 들지 않고 옳다고 생각하는 의견을 내어놓을 수 있는 것은 용기이다. 그런데 열등감과 피해의식을 안고 있는 친구의 자존심을 다치지 않도록 하려는 조심스러운 배려 역시 용기다. 자기보다 강한 자에겐 한없이 굴욕적이고 자기보다 약한 자라면 군림하려 드는 것은 가장 비겁한 태도다.

그렇다면 적절한 마음자리를 가능하게 하는 힘은 어디서 올까. 『중용』의 가르침에 따르면 그 힘의 근원은 자기 안의 덕성을 단련하는 한편으로 다양한 경험과 학습을 통한 공부이다. 그래서 "군자는 덕성을 높이면서 학문을 닦는다."고 했던 것이다. 이 말은 단순한 지식의 확장만을 강조한 것이 아니라 그 지식을 응용하는 심성을 가꾸는 일이 선행되면서 결국엔 그 둘이 병행해야 함을 뜻한다. 깊고 따뜻한 가슴과 박학한 지식이 잘 녹아있는 사람의 마음에는 자연스럽게 배려의 마인드가 녹아있다.

내가 지난 대선에서 낙선한 야당 후보를 지지했던 것은 그에게서 이런 면모를 발견했기 때문이다. 리더의 역량으로 이보다 더 귀한 덕목이 있겠는가. 내면의 온기가 감지되는 인간성과 그 기초위에 쌓인 경험과 지식을 바탕으로 타인의 의견을 경청할 수 있는 이인가? 이것이 내가 조직의 리더를 선택해야 하는 국면에서 염두에 두는 기준이다. "기회는 평등할 것이고 과정은 공정할 것이며 결과는 정의로울 것"이라던 그 후보의 모토는 여전히 많은 이들에게 의미 있는 울림으로 남아있다.

조직의 리더 뿐 아니라 내 삶의 리더로서의 나 자신에 대해서도 마찬가지이다. '덕성을 높이면서 학문을 닦는다.[尊德性而道問學]'의 화두는 셀프리더십 공부에서도 중심이다. 몸과 마음과 정신이 춥고 피로한 오늘의 우리들에게 상품으로 소비되는

'힐링'은 별 의미가 없다. 마음으로 나와 상대를 헤아리고 배려하는 한마디가 더 간절하다. 이런 마음에서는 사회의 약자에 대한 지원이 타인의 일이 아니다. 그저 내 동기간을 살피는 마음이다. 그러니 금쪽같은 시간을 할애하여 부재자 투표소에 길게 줄을 서서 한 표를 행사하였던 '노량진 청년'들의 절실함에 응답하지 않을 수 없다.

사회의 구조를 개선하는 일에서 한 사람의 힘은 당연히 무력하다. 그러나 각 개인은 관심과 시선을 자신과 자기 아들딸로 한정되는 것을 넘어 볼 수는 있다. 그리고 이런 마인드는 지금 보다 나은 사회를 만들어 가는 첫 걸음이다. 자신과 가족을 아끼고 사랑하는 마음을 미루어 내 옆의 사람들을 돌아보라는 주문은 유학공부를 통해 부단히 듣는 바이다. '추기급인推己及人'이 바로 그것이다. 내 마음에 비추어 타인의 심정을 헤아려 보라는 말이다. 내 자식이 귀하면 그의 자식도 귀한 것이 당연한 일이다. 동시대의 많은 청년들이 다양한 현실적 어려움에 고통받고 있는데 내 자식만 번듯한 자리에 안착하면 안심이라 여기는 것은 편협하다.

자기 아이의 안녕은 그가 속한 동아리의 건강함 속에서 찾아지는 법이다. 그렇다면 이기적 울타리를 한 겹 넘어서는 용기가 필요하다. 주변을 두루 헤아리고 배려하는 마음은 결국 내 아이가 사는 세상을 위한 필요충분조건이기 때문이다.

제27장

크도다. 성인의 도여!
大哉 聖人之道

왕성하게 만물을 발육하여 높이 하늘까지 다다랐구나.
洋洋乎 發育萬物 峻極于天

충분하게 크구나! 예의 삼백과 위의 삼천에 이르렀다.
優優大哉 禮儀三百 威儀三千

그[그러한 성인의 도는] 적합한 사람을 기다린 다음에 행해질 수 있다.
待其人而後行

그러므로 진실로 지극한 덕을 지니지 않았다면 지극한 도를 살려낼 수 없다.
故曰 苟不至德 至道不凝焉

제27장

따라서 군자는 덕성을 높이면서 학문을 닦으니 넓고 큰 것을 이루면서도 동시에 정밀하고 은미한 부분도 완전을 기하고, 높고 밝은 것에 이르면서도 중용을 실천하며, 옛것을 익숙히 익히면서도 새로운 것을 알고, 도탑고 돈독함으로써 예를 높인다.

故君子 尊德性而道問學 致廣大而盡精微 極高明而道中庸 溫故而知新 敦厚以崇禮

이런 까닭에 윗자리에 있더라도 교만하지 않고 아랫자리에 있어도 자신의 신념을 배반하지 않으므로 나라에 도가 있으면 그 말이 드러나기에 충분하고 나라에 도가 없다면 그 침묵을 용일할 수 있다. 시경에서 "이미 밝고 또 명석함으로써 그 자신을 보전할 수 있구나!"라고 한 시는 이런 군자의 면모를 말한 것이 아니겠는가.

是故居上不驕 爲下不倍 國有道 其言足以興 國無道 其黙足以容 詩曰 旣明且哲 以保其身 其此之謂與

이야기 스물여덟

아찔한
선택

1986년 1월 28일은 우주왕복선 챌린저호가 발사 직후 폭발하는 큰 사고가 있었던 날이다. 이 때 민간인 여교사 한 명을 포함한 일곱 명의 승무원이 우주선과 함께 산화했다. 사람들은 민간인 승무원의 탑승 뉴스를 듣고 이제 보통 사람들에게도 우주여행의 길이 열리는 거라며 희망에 부풀었다. 그랬기에 더더욱 이 날의 사건은 많은 이에게 충격이었다.

그런데 울릭 나이서$^{Ulic\ Neisser}$라는 심리학자는 이날의 사건을 두고 사람들의 기억력에 대한 흥미로운 실험을 했다. 그는 사건이 발생 한 직후에 자신의 학생들 106명을 대상으로 다음과 같은 질문을 했다. 폭발사고 당시 "당신은 어디에서 누구와 무엇을 하고 있었으며 사고 소식을 들은 후의 느낌은 어떠했는가?" 설문대상자들은 바로 어제 있었던 충격적인 일을 당연히 생생하게 기억하고 있었으며 따라서 설문내용에 정확히 대답할 수 있었다.

그 후로 2년 반이 지난 뒤 나이서는 당시 설문대상자를 다시 모아 2년 전 사건을 기억해 보도록 하였다. 평범한 하루가 아니라 특징적인 사건이 일어났던 날이니 2년이 지났어도 제법 분명하게 그날의 일을 기억하고 있을 법 하지 않은가? 그런데 그 결과는 10%의 사람들만이 당시 자신이 적었던 내용과 유사하게 그때의 일을 기억했다고 한다. 25%의 사람들은 전혀 다른 설명을 하였고 심지어 그 중 일부는 자신의 필적은 맞지만 그것은 자신이 쓴 것이 아니라고 부정하기까지 하였다.

내가 확신하는 기억이 얼마만큼이나 진실인지 회의하지 않을 수 없다. 완전히 잘못된 기억으로 상대를 곤혹스럽게 몰았다가 문득 진실을 확인한 뒤 난감했던 경험 하나쯤은 누구에게나 있을 것이다. 이런 사례가 일상적임을 알면서도 그 순간에는 내가 정답이고 다른 이는 다 잘못되었다고 믿는 자신감은 어디에서 오는 것인지.

물리학의 진실과 관계없이 보통의 사람들은 이 우주가 자신을 중심으로 돌아간다는 오해에 빠지기 쉽다. 그러니 기억만이 아니라 내심 자신이 생각하고 판단하는 쪽이 선이라 주장하고 싶은 것도 인지상정이다. 그러나 대부분의 우리는 눈치라는 것도 있어서 이런 취향을 극단적으로 드러내는 일은 자제하는 면모도 없지 않다. 자신의 역량을 살피는 눈도 있으니 말이다.

그러나 호시탐탐 내 주장을 드러내고픈 욕구를 잠재하고 있음을 부정하기 어렵다.

그래서 현실적 권력의 획득은 그런 잠재욕구를 펼칠 수 있는 기회가 되기도 한다. 심각한 경우는 자신의 그릇은 무시하고 자리에 근거하여 자기 욕심대로 권력을 휘둘러서 조직이나 나라를 망치는 길로 인도하는 경우다. 있어서는 안 될 일이지만 그런 경우는 오랜 옛날부터 오늘에 이르기까지 수도 없이 실재하지 않았던가.

『중용』에는 마치 그와 같은 낭패를 초래하지 않기를 바라는 의도에서 말한 것처럼 보이는 문장이 있다. "공자가 말하기를 어리석으면서 자신의 생각을 적용하는 것을 좋아하고 밑천이 바닥인데도 자신의 주장만 세우기를 좋아하며 지금 세상에 살면서 전통의 도에 반대되는 행동을 한다면 재앙이 그 몸에 미칠 것이다."는 말이 그것이다.

참으로 서늘한 경고가 아닌가. 어리석고 천박한 이가 리더가 된 다음 자기 멋대로 세상을 경영하는 일은 그 자체가 재앙이다. 그러니 잘못된 리더 개인에게 내리는 벌은 재앙의 일부에 불과하다. 그러므로 좋은 리더를 세우는 일은 전체 사회를 위해 매우 중요한 일이 아닐 수 없다.

『중용』 28장에는 "비록 그 지위를 가졌으나 그에 합당한 덕을 지니지 못했다면 감히 예악을 제정할 수 없으며, 비록 합당한 덕을 지니고 있더라도 지위를 얻지 못했다면 역시 감히 예악을 제정할 수 없다."는 말도 나온다. 여기서 말한 예악은 사회의 규범이나 제도를 의미한다고 보면 좋다. 『중용』이 서술된 고대 사회에서 제도와 규범의 제정자는 당연히 왕으로 대표되는 리더였다. 다만 자리가 주어졌다고 해서 무조건 그가 사회의 중요한 사안을 결정하는 일을 위임받을 수는 없었다. 반드시 그에 합당한 인격의 성숙이 보증되어야 했다.

오늘과 같은 민주 사회에서 리더의 역할은 고대와 다르다. 그렇다고는 하나 결정권자로서의 역할은 여전하다. 대중의 뜻을 무시하고 자신의 사욕에 따라 전체 국가의 살림을 경영하게 되면 대다수 국민들의 살림이 열악해질 것이라는 예상은 어렵지 않다. 그래서 대중들은 그 자리에 합당한 인격을 지닌 인물을 리더로 선출해야 한다. 이것이 곧 자기 자신의 삶의 질을 결정하는 주요한 요소이기 때문이다.

그런데 위의 『중용』의 말은 반드시 권력자들에 대한 경고만은 아니다. 앞에서 사람의 기억이 지닌 약점을 언급했었다. 기억의 정확성을 떨어뜨리는 주요 원인은 자기중심의 사고이다. 사람들은 기억하고 싶은 것만 기억한다지 않던가. 스스로를 돌아보더라도 부끄러운 경험은 될 수록 신속히 지워버리고 대신 내 행동을 정당화 할 수 있는 측면을 부풀려서 기억하려 했던 예가 적지 않다. 이런 경향은 사람들로 하여금 자기에게 유리한 쪽으로 상황을 해석하고 일을 추진하도록 독려한다.

이런 모양은 당장의 만족이나 회피를 가능하게 해 줄 수는 있다. 그러나 길게 보면 결국 자충수다. 어떤 상황을 길게 그리고 전체적으로 보아야 한다는 안목은 나이가 들면서 배울 수 있는 지혜이다. 한때는 사필귀정이라는 말이 거짓인 것 같아 절망하곤 했다. 그러나 결국은 사필귀정이 맞는 말임을 알겠다. 이런 것이 길게 전체적으로 보고 얻어지는 생각이다.

내가 만나는 사람들. 그들과의 관계에서도 나의 독단을 반성하는 장치를 틈틈이 가동시키는 것이 옳다. 내가 애호해마지 않는 음식이 그에게는 인내를 요구하는 것일 수 있다. 내가 열열히 강추했던 활동이 그녀에게는 부담스런 강요였을지도 모른다. 내가 힘주어 강조했던 내용이 나의 학생들에게는 와 닿지 않는 언어의 나열이었을 수도 있다.

그의 음식취향을 이해하고 배려하는 마음이 그와의 관계를 부드럽게 해 줄 것이다. 내가 즐거워하는 바를 설명함과 동시에 그녀의 심정을 헤아리는 일이 이루어져야 같이 웃을 수 있지 않겠는가. 구슬이 서 말이라도 꿰어야 보배가 되듯이 적절한 언어로 치환되지 않은 지식은 그저 죽은 지식에 불과하다. 학생들이 수용하여 소화하지 못할 지식이라면 공허한 것이기 때문이다.

일상에서 만나는 수많은 장면들에 '자신의 생각만을 적용하고 자기 선택만을 오로지 하는' 어리석음에서 깨어날 것을 주문하는 『중용』의 이야기를 새겨본다.

제28장

공자가 말했다. 어리석으면서도 자신의 생각을 적용하기를 좋아하고 밑천이 바닥인데도 자기주장만 세우기를 좋아하며 지금의 세상에 살면서 옛 전통의 도에 반대되는 행동을 한다면 재앙이 그 몸에 미칠 것이다.
子曰 愚而好自用 賤而好自專 生乎今之世 反古之道 如此者 烖及其身者也

천자가 아니면 예를 의론하지 못하고 제도를 제정할 수 없으며 문자를 상고하지 못한다.
非天子 不議禮 不制度 不考文

지금 세상의 수레는 그 바퀴자국을 동일하게 하고 글은 그 문자를 같이 하며 행동은 윤리를 동일하게 적용한다.
今天下 車同軌 書同文 行同倫

비록 그 지위가 있더라도 그에 적합한 덕을 지니지 못했다면 감히 예악을 제정할 수 없고, 비록 합당한 덕을 지녔으나 그 지위를 얻지 못했다면 역시 감히 예악을 제정할 수 없다.
雖有其位 苟無其德 不敢作禮樂焉 雖要其德 苟無其位 亦不敢作禮樂焉

제28장

공자가 말했다. "내가 하나라 예를 말하지만 기를 징험하기에 부족하고 내가 은나라의 예를 배웠으나 송나라가 존재했었으며 내가 주나라 예를 배웠는데 지금 그것을 쓰니 나는 주나라를 따를 것이다."

子曰 吾說夏禮 杞不足徵也 吾學殷禮 有宋 存焉 吾學周禮 今用之 吾從周

- 재재: '재앙재災'와 같은 글자이다.

이야기 스물아홉

명품의
풍격

'십 년을 입어도 일 년 된 듯한 옷, 막 사 입어도 일 년 된 듯한 옷'
 삼십 대 이상은 되어야 기억할만한 좀 오래된 양복 광고 카피다. 당시엔 꽤 잘 만들었다고 평가되던 문구지만 지금 보니 역시 세련된 느낌이 아니다. 그러나 그 카피가 말하려는 속내만은 지금 보아도 그리 뒤떨어지는 생각이 아니다. 십년 넘게 오랜 시간이 지났어도 디자인이 촌스럽지 않게 보이는 것은 물론이고 옷의 형태도 안정적으로 유지되는 옷. 방금 새로 산 옷인데 왠지 전통의 무게가 느껴져서 가볍거나 유치하지 않은 옷.
 이삼 년 전의 티브이 화면을 보면 왜 저리들 촌스러울까 하는 생각이 든다. 당시 최고로 잘나가는 패션 스타들의 경우도 다르지 않다. 세상의 각종 트랜드는 쉼 없이 흘러가고 사람들의 눈도 거기 따라 흘러가 정지되는 법이 없다. 그런 사람들의 눈에 오래되었어도 낡아 보이지 않고 멋있게 보이는 옷이라면 특별한 물건임에 틀림이 없다.

의미로 보면 그런 옷이 바로 명품이다. 이는 단지 보통으로 엄두를 낼 수 없는 엄청난 가격과 그 브랜드 마크에 집착하는 경박한 명품취향과는 다소 거리가 있는 원론적인 명품론이다. 그렇다면 그런 좋은 물건 하나쯤 지니고 싶다는 욕심이 헛된 것만은 아닐 것이다. 애를 쓰고 공을 들여 손에 얻은 값비싼 것을 두고두고 애호하며 곁에 지니고서 물건과 내가 같이 빛날 수 있다면 얼마나 아름다운 일인가.

명품이 지닌 덕목은 그 품목에 따라 다양하겠으나 앞의 광고 카피가 말하는 뜻이 기본이지 싶다. 온고지신. 전통을 잘 간직하고 있으면서 동시에 새로운 조류를 적절히 수용한 수준 높은 경지. 그런데 물건만이 아니라 사람의 성향에도 명품의 풍격이 있다. 지나간 것을 잘 이해하지만 고지식하게 지키기에만 골똘하지 않는 사람. 전통을 존중하나 참신한 풍조를 받아들이는 용기도 귀하게 여기는 사람. 사람들의 사회에서 중요하게 취해야 하는 것이 무엇인지를 이해한 사람.

『중용』에서는 정치를 하는 리더가 반드시 알아야 할 중요한 덕목이 있다고 했다. 그리고 그것을 잘 이해한 이가 위정자가 되면 과실을 최소화할 수 있다고 했다. "세상에서 왕 노릇할 때 세 가지의 중요한 문제에 대해 잘 이해한다면 과실이 적을 것이다."는 말이 그것이다. 세 가지의 중요한 문제란 첫째 예를 의론하고(의예), 둘째 제도를 제정하며(제도), 셋째 문자를 잘 살피는 일(고문)이다. 이러한 나라의 주요 사안에 대해 어떻게 접근하고 처리하는가가 좋은 리더의 관건이라는 말이다.

"오래된 것은 비록 좋은 것이라도 징험할 수가 없으니 징험할 수 없으며 신뢰할 수 없고 신뢰할 수 없으면 백성이 따르지 않는다. 최근의 것은 비록 좋은 것이라도 권위가 없으니 권위가 없으면 신뢰받지 못하고 신뢰받지 못하면 백성이 따르지 않는다."고 한 것을 보면 성패는 백성들의 신뢰 여부로 판단된다. 그러니까 백성들의 신뢰를 얻기 위해서는 백성들의 살림살이에 기초하여 각종 제도를 고려하는 일이 긴요한 문제다. 아무리 좋은 시책이라 해도 백성들이 이해하고 받아들일 수 없는 것이라면 의미가 없기 때문이다.

좋은 정책을 백성들에게 설득하고 이해하도록 하는 문제는 무엇보다 중요하다. 이는 단지 시간상으로 오래되었다거나 새롭다는 차원이 아니라 믿음을 주는 가 아닌가의 문제다. 이에 대해 『중용』에서는 다음과 같이 설명하였다. "그러므로 군자의 도는 자신에게 근본하면서 서민들에게 검증받도록 하며, 고대의 삼왕에게 상고해 보아도 틀림이 없고, 천지에 세워 보아도 어긋남이 없으며, 귀신에게 질정해 보아도 의문이 없고, 백세 이후의 성인을 기다려 보아도 의혹이 없다."

대중의 신뢰를 얻기 위해서는 정책의 내용이 허황되거나 경박해서는 안 된다. 아무리 좋은 미사여구로 형용된 일이라도 전혀 실현될 희망이 없는 뜬구름 잡는 이야기에 마음을 내줄 사람은 없다. 또 저급하고 천박하게 대중들의 말초적 관심을 끌려는 방식은 당장 흥미를 줄지는 몰라도 궁극의 신뢰를 얻을 수 없다. 기본적으로는 진정성을 깔고 있을 것이며 너무 오래된 이야기도 아니고 너무 급작스런 조류도 아니어야 한다. 그렇게 지금 여기의 가장 적절한 지점을 찾아내어야 비로소 많은 이들의 긍정적 호응을 이끌 수 있다. 케케묵은 옛이야기에 무조건적 경외를 바치거나 최첨단의 디지털 언어를 일상으로 하는 이들은 소수이다. 이들을 고려하면서 보다 일반적인 공감의 영역을 찾아낼 필요가 있다.

정책을 세우고 조직을 이끌어 갈 리더는 자신의 취향에 빠지거나 편파적인 한 쪽의 손을 들어 주는 편향성을 경계해야 한다. 이는 예나 지금이나 두루 해당되는 리더의 자세이다. 『중용』 29장의 이야기를 접하면 자연히 조직의 리더가 갖추어야 할 자세에 대해 생각해 보게 된다. 전체 이야기의 핵심은 '신뢰'이다. 그리고 신뢰를 얻기 위한 『중용』의 관점을 제안하고 있다. 대중들의 신뢰를 얻는다는 것은 시공을 초월하여 리더로서의 역할을 보장받는 길이라고 설명했다. "귀신에게 질정해 보아도 의문이 없다는 것은 하늘을 아는 일이고 백 세 후의 성인을 기다려 보아도 의혹이 없다는 것은 사람을 아는 일이다."라고 한 표현이 바로 그것이다.

그러니 조직의 수장이 되어 참 잘했다는 평가를 얻는 것은 만만치 않은 일이다. 한 조직의 장으로서의 역할은 물론이고 내 삶의 주인으로서의 나 자신에 대해서도 마찬가지이다. 자신이 대면하는 크고 작은 생활의 장에서 만나는 다양한 관계를 살피고 잘 이해하여 적절히 대처하려는 긴장을 놓지 않아야 근접할 수 있는 길이다. 『시경』에서 "저기서도 싫어하지 않고 여기서도 거역하지 않는다. 바라건대 새벽에서 밤까지 노력하여 길이 영예로움으로써 마치도록 하라!"고 했던 경계를 실천한 자만이 명예로운 리더로 남을 수 있다니 말이다.

삶의 순간순간을 깨어서 마주하고 선택하라는 경계이다. 역시 승자는 성실한 자라는 가르침인가!

제29장

세상에서 왕 노릇 할 때에 세 가지의 중요한 일을 잘 이해한다면 과실이 적을 것이다!
王天下 有三重焉 其寡過矣乎

오래된 것은 비록 좋더라도 징험할 수가 없으니 징험할 수 없으면 신뢰할 수 없고 신뢰할 수 없으면 백성이 따르지 않는다. 새로운 것은 비록 좋아도 권위가 없으니 권위가 없으면 신뢰할 수 없고 신뢰할 수 없으면 백성이 따르지 않는다.
上焉者 雖善 無徵 無徵 不信 不信 民弗從 下焉者 雖善 不尊 不尊 不信 不信 民弗從

그러므로 군자의 도는 자신에게 근본하고서 서민에게서 검증받을 수 있어야 하며 옛날 삼왕에게 상고해 보아도 틀림이 없고 천지에 세워 보아도 어긋남이 없으며 귀신에게 질정해 보아도 의문이 없고 백 세 후의 성인을 기다려 보아도 의혹이 없다.
故君子之道 本諸身 徵諸庶民 考諸三王而不謬 建諸天地而不悖 質諸鬼神而無疑 百世以俟聖人而不惑

귀신에게 질정해 보아도 의문이 없다는 것은 하늘을 아는 일이고 백 세 후의 성인을 기다려 보아도 의혹이 없다는 것은 사람을 아는 일이다.
質諸鬼神而無疑 知天也 百世以俟聖人而不惑 知人也

이런 까닭에 군자는 움직이면 대대로 세상의 도리가 되고 행하면 대대로 세상의 법이 되며 말을 하면 대대로 세상의 준칙이 되므로 멀리 있으면 우러러 보고 가까이 있어도 싫어하지 않는다.
是故君子 動而世爲天下道 行而世爲天下法 言而世爲天下則 遠之則有望 近之則不厭

시경에 이르기를 "저기서도 싫어하지 않고 여기서도 거역하지 않는다. 바라건대 새벽부터 밤까지 노력하여 영원히 영예로움으로 마칠 수 있도록 하라!"고 하였으니, 군자가 이와 같이 행동하지 않고서 세상에서 명예를 얻을 수 있었던 경우는 일찍이 없었다.
詩曰 在彼無惡 在此無射 庶幾夙夜 以永終譽 君子 未有不如此而蚤有譽於天下者

- 역射: '쏠 사' '싫어할 역' 여기서는 싫어하다는 의미로 쓰였기 때문에 '역'이라 읽는다.
- 조蚤: '손톱조' '일찍조루' 여기서는 '일찍이'라는 뜻으로 쓰였다.

이야기 서른

'돈화문'에
들어있는
뜻

창덕궁보다는 비원이라는 이름이 더 익숙하다면 이미 젊은 세대가 아닐 가능성이 크다. 우리 왕실의 궁궐을 일개 정원으로 비하하여 비원이라 불렀던 것은 일본 식민지 시대의 잔재였다. 허나 이 이름은 해방이후로도 오랜 동안 그러니까 나의 청년시절 이후까지도 줄곧 상용되었다. 이천 년 대 넘어서야 창덕궁이라는 본래 명칭이 널리 쓰이게 되었다. 생각과 말은 문화의 핵심인데 그것이 왜곡되면 그 후유증이 얼마나 심각한가를 알 수 있는 한 예이다.

    이 창덕궁의 정문에 서면 돈화문敦化門이라는 현판이 보인다. 돈화문은 보물383호로 지정된 수려한 목조건물이다. 정면 5칸 측면 2칸의 2층 구조로 중앙에 4개의 고주와 주위 14개의 명주가 세워져 있어 다른 궁궐 정문 보다 크다. 돈화문은 궁궐

전면이 서남쪽으로 치우쳐 있는데 이는 문을 열었을 때 응봉과 북한산 자락을 안듯이 보이기 위한 장치다. 우리 전통 건축이 그렇듯 창덕궁의 돈화문 역시 건축과 자연이 어우러지는 미학이 충분히 실현된 구조물이다.

이와 같은 돈화문에 대한 소개는 인터넷 포털 사이트에서 쉽게 검색되는 내용이다. 그런데 돈화문이라는 이름에 대한 소개는 그만큼 쉽게 찾아지지는 않는다. 돈화문의 '돈화敦化'는 『중용』 30장 "작은 덕은 냇물처럼 흐르고 큰 덕은 돈독하게 변화한다.[小德川流 大德敦化]"에 나오는 말이다. 유학을 근간으로 하였던 조선시대 궁궐의 대문에 걸어 놓을만한 글귀가 아닌가.

궁궐의 주인인 조선의 왕들은 유교국가의 수장답게 유학을 배우고 실천하는 것을 왕위 수행의 기본으로 삼았다. 그것을 체현하는 데에 정도의 차이가 있었더라도 유교의 교양은 왕의 필수조건이었다. 그러니 왕들은 유학에서 강조하는 이념을 내면의 덕으로 지니는 것을 당위로 여겼을 터이다. 역대 왕들의 일거수일투족을 기록하고 있는 《조선왕조실록》을 보면 왕들에 대해 신랄한 직언을 서슴지 않는 신하들의 언급이 자주 보인다. 일국의 왕에게로 향하는 일개 신하의 비평은 독자들의 간담까지 서늘하게 한다.

놀라운 것은 무소불위의 권력을 지닌 왕이니 만큼 자신으로 향하는 쓴 소리를 단칼에 잘라버리거나 무시할 법도 하건만 그런 예를 발견하기는 어렵다. 오히려 이런 저런 쓴 소리에 대해 '아름다운 의견이니 받아들이노라'는 쪽이 더 일상적이다. 유교국가 조선이 단일 왕조로 오백여 년의 역사를 지속할 수 있었던 원인 중의 하나가 이것이다. 권력을 견제하는 간언이 제도적으로 정착되어서 왕이라 해도 독단적 행동이 허락되지 않았다. 왕이 유학 이념에 반하는 행동을 할 때 간관諫官들은 그것을 지적하고 바로잡는 것을 임무로 삼았다.

권력을 정화할 수 있는 자정 기능을 활용함으로써 썩지 않고 지속할 수 있는 사회적 장치를 두었던 것이다. 당연한 말이지만 정당하지 못한 권력이 오백여 년의 역사를 가질 수 있는 예는 역사에 없었다.

유학의 신념은 곧 인仁이고 왕은 인의 덕을 갖추고서 인한 정치를 베풀어야 했다. 『주역』의 계사전에는 "이 세상의 가장 큰 원리는 살리는 정신이다.[天地之大德曰生]"라는 말이 나온다. 여기서 덕은 내면에 내재한 알갱이라는 의미와 함께 원리라는 뜻도 가진다. 그런데 공자는 이 문장을 해설하면서 이것이 바로 '인'이라 했다. 그러니까 인은 자신과 상대를 살리는 정신이다.

인을 사랑이라 풀면 유학의 사랑은 상대가 잘 살 수 있도록 배려하는 정신이다. 고기를 좋아하는 이에게 채식의 장점을 들면서 강제로 그의 음식 취향을 바꾸는 것은 그를 위하는 길이 아니다. 밴드에서 연주를 하면 행복할 수 있는 사람을 명예와 지위가 보장된다는 이유로 법관이 되도록 내모는 것이 정말 그의 삶을 살리는 길일까. 상대의 개성에 맞추어 그를 배려하고 도움으로써 그가 최선의 자리에서 살 수 있도록 하는 일이 바로 사랑을 실천하는 길이다.

유학의 인은 사람을 살리는 마음을 나누는 것이다. 나는 네게 너는 또 내게 그렇게 한다면 이것이 바로 상생의 실현이다. 그리고 이런 상생의 정신을 잘 실천할 수 있는 능력을 자기 내면의 덕으로 지닌 이가 이상적 인간, 성인聖人이다. 실은 성인뿐만이 아니라 보통의 우리들도 이 덕을 내재하고 있기는 하다. 허나 보통 사람들은 내면의 그 덕을 부분적으로만 실천한다. 그래서 성인이 두루 그 덕을 펼치는 모양과 수준의 차이가 있지만 그 가능성만은 지니고 있는 것이다.

『중용』 30장에서는 공자의 덕을 설명하면서 "비유하면 천지가 붙들어서 실어주지 않음이 없으며 덮어서 감싸주지 않음이 없는 것과 같다."고 표현했다. 성인의 덕은 이처럼 천지가 세상의 모든 만물을 포용한 것처럼 거시적이며 미시적인 결을 갖추고 있다는 말이다. 거기에는 길 잃은 어린아이의 손을 잡고 아이가 제 부모를 찾을 수 있도록 도와주는 마음이 들어있을 것이다. 감기로 고생하는 동료를 위해 따뜻한 차를 건네는 손길도 있을 것이며, 그의 수고를 넌지시 대신해 주는 배려도 있을 것이다. 그런가 하면 지위를 이용하여 부당하게 사리사욕을 채우는 공직자를 비판하는 날카로운 시선 역시 포함되었을 것이다.

일상의 사소한 일에도 보편의 도는 흐르고 있으며 전체를 살리기 위해 잘못된 부분을 잘라내는 큰 결단도 도에 따르는 길이다. 그리고 이들은 별개가 아니라 서로 연관되어 있다. 그러니 큰 이상을 지닌 사람일수록 주변의 작은 일에도 소홀함이 없어야 한다. '나처럼 대단한 사람이 그런 사소한 일을 염두에 두어서 되겠는가?'라고 항변하는 사람치고 정작 대사를 잘 이루어낼 수 있는 이는 없다.

사람은 누구든 선천적으로 큰 덕을 지니고 태어났다. 그러나 궁극적으로 돈독한 변화를 이끌어 낼 수 있는 힘은 이러한 세상의 이치를 이해하고 그런 마음을 펼치는 데에서 만들어진다. 그러니 작은 데에서 시작된 큰 의미를 읽을 수 있고, 큰일을 이루는 작은 요소들을 이해하는 품을 지닌 사람이 되기를 도모할 일이다.

제30장

공자는 요임금과 순임금을 최고로 여기어 잘 계승하고 문왕과 무왕이 지킨 법도를 지켰으며 위로 하늘의 때를 본보기로 삼아 지키고 아래로는 물과 흙의 상황에 맞추셨다.
仲尼 祖述堯舜 憲章文武 上律天時 下襲水土

그것을 비유하면 천지가 붙들어 실어주지 않음이 없고 덮어서 감싸주지 않음이 없는 것과 같으며 사계절이 번갈아 행하는 것과 같고 해와 달이 교대로 밝혀주는 것과 같다.
辟如天地之無不持載 無不覆幬 辟如四時之錯行 如日月之代明

만물은 같이 자라도 서로 방해하지 않고 도는 함께 행하여도 서로 어긋나지 않는다. 작은 덕은 냇물처럼 흐르고 큰 덕은 돈독하게 변화하니 이것이 천지가 위대한 이유이다.
萬物竝育而不相害 道竝行而不相悖 小德川流 大德敦化 此天地之所以爲大也

- 중니仲尼: 공자의 자
- 습襲: '엄습하다' '잇다' '인因하다' 여기서는 '인하다', '근거하다'는 의미로 쓰였다. 근거하여 받아들인다는 뜻이다.
- 도幬:: '휘장 주' '가릴 도' '덮을 도' 여기서는 '도'로 읽고 덮고 가린다는 뜻으로 썼다.

이야기 서른하나

완벽한
스토리텔러

어제 신문 기사에서 공공기관의 신규채용방식 변화에 관한 기획재정부 관계자의 발표 내용을 보았다. 이는 공공기관의 신입사원 공채 전형을 전면적으로 개편하겠다는 것이었다. 이른바 스펙을 초월한 전형을 지향한다는 뜻에서 서류 전형을 없애는 대신 일부 공기업이 부분적으로 실험하고 있는 스토리텔링 혹은 오디션 방식을 그 대안으로 검토 중이라 한다.

 스토리텔링 방식의 채용시험은 SNS를 활용하여 이루어진다. 구직자는 온라인으로 이름과 연락처, 성별, 연령대 등 기본 정보만 제시하고 평가관과 피드백을 주고받는다. 이 과정에서 자연스럽게 자기소개와 지원동기 및 입사를 위한 준비과정 등을 소개하는 형식이다. 평가관이 수행과제를 내면 그 결과물을 SNS에 올리는 방식을 반복하면서 업무능력 평가가 이루어지고 이 자체를 오디션 방식에 적용하기도 한다는 것이다.

이런 시도가 얼마만큼의 실효성을 거둘 수 있을지는 미지수이나 인력 채용의 입체적 방식을 고민하고 있다는 측면은 일단 긍정적으로 보인다. 모든 시험은 일시적이며 단편적일 수 있다는 한계가 있다. 반면 인간의 개성은 단편적으로 계량될 수 없다. 더구나 같은 동아리에 들여 놓을 사람을 선발하는 문제에 대해서는 심사숙고가 필수이다. 그런 점에서 기존의 평면적 채용방식을 고쳐보려는 시도는 의미가 있다.

스토리텔링은 스토리story와 텔링telling의 합성어인데 말 그대로 '이야기하다'라는 뜻이다. 기본적으로 상대방에게 알리고자 하는 바를 재미있고 생생한 이야기로 설득력 있게 전달하는 행위를 의미한다. 이는 앞에 예로 든 채용방식 뿐 아니라 다양한 영역에서 각광을 받으며 적용되고 있는 이 시대의 키워드 중 하나이다.

이것의 원류를 돌아보면 아주 큰 범위에서는 각종의 신화에서부터 작게는 할머니의 옛날이야기에 이르는 인간의 삶이 녹아있는 이야기들이 모두 포함된다. 압축해서 보면 문학이나 영화, 교육 등에서 주로 활용된 기법이었다. 디지털 시대의 스토리텔링은 확장된 정보매체의 활용과 연관되어 더 다양한 의미로 사용되고 있다.

21세기의 신인류에게 스토리텔링이란 정해진 틀이 없이 여러 사람이 이어서 이야기를 구성해 가는 열린 장치이기도

하다. 그렇다 해도 사람들은 여전히 드라마틱한 이야기가 주는 감동과 서사적 표현에 의한 깊이 있는 이해를 요구한다. 요즘 인기를 모으고 있는 여행관련 방송콘텐츠 두 개를 예로 들어보자.

하나는 공중파 방송의 전파를 타고 있는 '아빠 어디가'라는 프로이다. 여기서는 부자 혹은 부녀 다섯 팀이 일박이일의 여행에서 벌어지는 사연들을 보여준다. 아빠와 아이 사이의 애정과 갈등이 자연스럽게 순화되는 이야기가 담담하게 보여 진다. 다른 하나는 종합편성방송국에서 만든 '꽃보다 할배'이다. 평균연령 칠십대인 노인 연기자들의 유럽배낭 여행이야기다. '아! 사람들은 저렇게 늙어가는구나.' 생각해 보게 하는 프로그램이다.

평범한 생활의 이야기를 담아낸 이런 프로들이 많은 이들의 구미를 당긴다는 것은 역시 인간 정서의 보편적 층위를 증거 한다. 그러니 인간들의 세상에서 성공하기 위해서는 대중에게 받아들여질 수 있는 제대로 된 이야기를 생산해 내는 것이 요긴하다. 자신의 삶 자체가 대중의 정서를 움직일 수 있는 이야기라면 삼복더위의 시원한 바람처럼 감동을 줄 것이다. 보통 사람들의 정서를 잘 반영한 방송프로그램이 각광을 받는 것처럼 감동과 공감을 주는 매체는 어렵고 특이한 데에 있지 않음이 분명하다.

이는 인격의 성숙이 깊은 이에게서 보이는 품성과도 닮은 데가 있다. 『중용』에서 "두루 넓은 것이 하늘과 같고, 깊이 근원함은 연못과 같다. 나타나면 백성들이 공경하지 않음이 없고 말을 하면 백성들이 믿지 않는 이가 없으며 행하면 기뻐하지 않는 이가 없다."고 최고의 인격을 표현한 것에서도 알 수 있는 것처럼 말이다. 현학적 수사로 청자는 물론 자신조차 무슨 말을 하는지 모를 미궁으로 모는 화자는 얼핏 식견이 있다는 평가를 들을 수 있을지 몰라도 공감을 부르기는 어렵다.

넓고 깊은 안목과 경험을 바탕에 지니고 마음을 다해 대상과 만날 준비가 되어있는 이는 적재적소에서 가장 필요한 이야기를 해 줄 수 있다. 상황 판단이 자유자재로 가능한 사람이기에 그의 말을 듣는 이의 수준에 맞는 어법으로 이야기를 풀어가는 것은 당연한 일이다. 그런데 이런 능력을 갖는 일이 말처럼 쉬운 일이 아님은 우리 모두가 다 아는 일이다. 그럼에도 불구하고 사람과 사람 사이의 마음을 전하는 매체로서 이야기는 중요한 도구이다. 이 도구를 제대로 잘 사용하기 위해서는 훈련이 필요하다.

『중용』에서는 이를 위한 방법으로 총명한 지혜를 갖추면서도 너그러운 품성을 지닐 것이며, 용감하고 과감한 능력과 함께 위엄 있는 면모를 갖추는 한편으로 이지적인 능력도 지니도록 해야 할 것을 제안하였다. "오직 천하의 지극한 성인이라야 총명예지하여 임할 수 있을 것이다. 너그럽고 부드러워 받아들일 수 있고 강하고 굳세어 고집할 수 있으며 가지런히 잘 갖추고 중정을 지켜서 공경할 수가 있고 문장의 조리가 자세하고 분명하여 분별할 수가 있다."는 말이 그것이다. 이것은 최고의 인격인 성인의 덕으로 제시되는 덕목이기에 보통사람들이 따르기엔 무리가 있는 경지이다.

그러나 좋은 덕목들이라도 서로 균형을 맞추어 가는 점에 중점을 두어서 한쪽으로 치우침이 없도록 하라는 가르침은 보통의 우리라도 염두에 두고 살필만한 일이다. 그 안에 인간이 빠진 채 이야기를 위한 이야기로 기술된 컨텐츠는 많은 이를 설득시키기에 부족하다. 또한 아무런 근거 없는 허황된 이야기도 사람들의 이해를 구하기 어렵다. 그런 까닭에 우리는『중용』에서 제안하는 성인의 경지를 지향해 볼 만 하다. 뜻은 크게 품으라 했고, 모든 사람은 성인의 가능성을 잠재하고 있다는 것이 유학의 마인드이니 말이다. 그렇더라도 일단은 아무리 좋은 것도 한편으로 기울면 공감을 얻어내기 어렵다는 큰 주제에 초점을 두고 자기 삶의 양식을 돌아보는 것도 나쁘지 않을 것 같다.

그리하여『중용』에서 배우는 좋은 스토리텔러가 되기 위한 팁 두 가지. 하나, 화자는 청자에게 마음으로 다가갈 방법을 고민한다. 둘, 한편으로 치우지지 않고 여럿을 아우를 수 있도록 균형 잡힌 지점에 서는 연습을 한다. 그리고 이는 당연히 생생한 생활의 장에서 단련되어야 한다.

제31장

오직 천하의 지극한 성인이라야 총명예지하여 임할 수 있다. 또 너그럽고 부드러워 받아들일 수 있고 강하고 굳세어 고집할 수 있으며 가지런히 잘 갖추고 중정을 지켜서 공경할 수가 있고 문장의 조리가 자세하고 분명하여 분별할 수가 있다.

唯天下至聖 爲能聰明睿知 足以有臨也 寬裕溫柔足以有容也 發强剛毅 足以有執也 齊莊中正 足以有敬也 文理密察 足以有別也

두루 넓고 깊이 근원하여 때에 맞게 내어 놓는다.

溥博淵泉 而時出也

두루 넓은 것이 하늘과 같고, 깊이 근원함은 연못과 같다. 나타나면 백성들이 공경하지 않음이 없고 말을 하면 백성들이 믿지 않는 이가 없으며 행하면 기뻐하지 않는 이가 없다.

溥博如天 淵泉如淵 見而民莫不敬 言而民莫不信 行而民莫不說

이 때문에 명성은 중국에 넘쳐흐르고 만맥의 오랑캐지역까지 미친다. 배와 수레가 이르는 곳과 사람의 힘이 통하는 곳과 하늘이 덮고 있고 땅위에 실려 있는 곳과 해와 달이 비추는 곳과 서리와 이슬이 내리는 곳에서 모든 혈기가 있는 존재들이 높여서 친애하지 않는 이가 없다. 그러므로 하늘과 짝한다고 한다.

是以聲名洋溢乎中國 施及蠻貊 舟車所至 人力所通 天之所覆 地之所載 日月所照 霜露所隊 凡有血氣者 莫不尊親 故曰配天

이야기 서른둘

기울면
다시 차오르고

바람 많고 기온도 들쭉날쭉하여 봄이되 아직 봄이 아닌[춘래불사춘春來不似春] 봄이 한두 번이던가. 그러나 결국 우리는 벚꽃이 피고 지는 봄날의 정취와 조우하게 된다. 해마다 맞이하는 봄의 풍경은 만날 때마다 새롭게 반갑다.

 꽃도 꽃이려니와 앙상한 나무에서 올라오는 새 순의 연한 녹색은 새로운 생명의 상징이다. 나로 말하면 그 색들을 바라보는 것만으로도 삶의 격려를 받는다.『주역』에서는 우주자연 변화의 원리를 원형이정元亨利貞 네 가지 덕의 순환으로 설명한다. 원은 생명의 시작이라는 의미다. 형은 성장, 이는 갈무리 그리고 정은 잘 저장한다는 뜻이다. 이 사덕을 계절에 대입하면 봄·여름·가을·겨울에 해당한다.

 유학에서는 이러한 우주자연의 변화원리를 사람에게도 동일하게 적용한다. 그래서 천인합일天人合一이다. 따라서 사람도 원형이정의 덕이 순환하는 자연의 이치에 따라 살아갈 것이 요구된다. 예컨대 봄에는 봄답게 여름에는 여름답게 각 계절에 맞게 살라고 한다.

그런 생각의 좋은 예를 『동의보감』에서 볼 수 있다. 이 책에서는 사계절에 맞는 양생법을 제안한다. 봄에는 봄의 생의生意를 살리는 생활을 추천한다. 해가 일찍 뜨는 것과 보조를 맞추어 아침엔 일찍 일어나는 것이 좋다고 한다. 따뜻한 기운과 새 움 트는 자연의 기운을 받으며 자주 산책하는 것도 봄에 적합한 생활이라 한다. 한편 옆 사람의 기를 살려주는 긍정적 이야기를 많이 하라고 하는데 이것 역시 자연의 생의를 몸으로 체현하는 과정이라 설명한다. 살리고 또 살리고! 전체적으로 보면 봄에는 자연이 그런 것처럼 생동하는 생활패턴을 유지해야 한다는 말이다. 만약 이렇게 하지 않으면 여름이 되어 몸에 문제가 발생한다고 조언한다.

오늘의 행동이 내일 나의 모습을 결정한다는 사고는 변화를 염두에 둔 사유에서 나온다. 그러니 변화를 이야기하는 『주역』의 사유는 어제와 오늘 그리고 내일을 전체적으로 조망하는 세계관의 반영이다. 우리는 여기에서 눈앞의 것에 급급하기보다 넓고 길게 현실을 파악하라는 메시지를 듣는다. 이와 같은 『주역』의 사유는 동아시아지역 세계관의 원형이다. 여기에 세상을 바라보는 기본적인 생각이 들어 있다는 말이다. 그중 가장 기초가 되는 키워드 하나만 꼽는다면 '변화'이다. 변화는 원형이정 사덕의 순환으로 진행된다. 이것이 바로 세상이 돌아가는 이치이며 그 세상을 받치고 있는 원리이다.

『중용』 32장에서는 세상이 돌아가는 원리를 잘 알고 있는 사람이라야 "세상의 근본을 세울 수 있고 천지의 화육을 알 수 있다."고 했다. '천지의 화육을 안다'는 것은 세상에 존재하는 각 존재들과 그 관계의 메커니즘을 이해하고 그에 따르는 행동을 선택을 할 수 있다는 말이다. 그것은 봄에는 생의를 체득하고 실천하며 여름에는 확장하는 의미를 실천하고 가을에는 수렴하고 정리하는 맥락을 체현하며 겨울에는 잘 저장하여 다음 봄을 준비하는 계기로 삼을 수 있는 능력에 기초한 선택일 것이다.

한여름 한창 건장하고 씩씩하게 성장하기 위해 움직여야 할 시점에 어두운 데에 들어 앉아 스스로 성장의 날개를 꺾는 것은 세상의 근본 이치를 이해하지 못한 선택이다. 농부는 제때에 씨를 뿌리고 물을 대고 피를 뽑아주며 한여름 뙤약볕 아래의 노동을 마다하지 않았을 때 비로소 풍성한 수확을 기대할 수 있다. 씨를 뿌려야 할 시기를 놓치거나 한여름의 고단한 노동을 회피하고서 좋은 보상을 기대하는 것은 무모하다.

세상의 어떤 일이라고 그렇지 않을까! 라고 이야기 해 주는 것이 『주역』과 『중용』의 글이다. 이미 농경사회가 아닌 오늘의 정보화 사회와 맞지 않는다고 시비를 걸 일은 아니다. 때에 맞는 적절한 노동과 선택이 필요하며 과거에서 미래로 흐르는 시간의 변화 속에서 사태를 파악하라는 것이 이들 고전의 가르침이 아닌가. 이는 시대가 어떻게 변화든 어떤 생산력에 기반 한 사회이든 수용하면 좋을 보편적 교훈이다.

그런데 문제는 이렇게 간명한 가르침을 생활에서 실천하는 일이 매우 어렵다는 점이다. 오죽하면 "진실로 총명하고 잘 알아서 하늘의 원리에 달통한 이가 아니라면 그 누가 그것을 알 수 있겠는가!"라고 말했을까. 여기서 안다는 말은 머리로만이 아니라 몸으로 실천할 수 있다는 의미이다. 부모 마음에 차지 않는 아이의 성장을 격려하며 기다려 주는 일은 생각만큼 만만하지 않다. 그보다는 성마른 욕심으로 아이의 잠재력을 닫아버리는 일이 허다하다. 사랑이라는 이름으로 따끔하게 혼을 내 주어야 할 상황을 외면한 경우는 어떠한가. 분명 자신의 역량을 돌아보며 준비해야 할 시간임에도 불쑥 찾아 온 기회를 정중히 물리치지 못하는 조급함도 만만히 볼 일이 아니다.

달은 차면 기울고 기울면 다시 찬다. 기울 때엔 다시 찰 상황을 희망하며 준비할 수 있고, 가득 차면 다시 기울 때를 대비하는 발걸음은 달의 운행 전체를 이해한 자만이 택할 수 있는 길이다. 눈에 보이는 한 면이 모두인 양 착각하는 일은 보통의 우리들이 늘 범하는 실수이다. 지식으로는 전체적인 관점이 유효하다는 점을 모르지 않지만 생생한 생활의 장에 서면 우선 눈앞의 것에 현혹되는 것이 인지상정이다. 유학에서는 이런 인지상정을 인정하는 동시에 그 틀을 넘어 보자는 제안을 해 준다.

예컨대 "다른 이들이 알아주지 않아도 화를 내지 않는다면 또한 군자가 아니겠는가![人不知而不慍不亦君子乎]"는 『논어』첫 편 첫 장에 나오는 구절이다. 나의 좋은 점, 내가 잘한 부분을 남들이 알아주고 긍정의 피드백을 주는 것은 누구에게나 힘이 나는 일이다. 어쩌면 우리는 그런 좋은 평가를 위해 어떤 일을 하기도 하고 안하기도 한다. 이 문장을 읽으며 나는 "누구나 그런 것처럼 너도 다른 사람이 날 잘 알아주기를 바라지? 나도 그런 마음 잘 알아! 그런데 그런 마음을 한 단계 넘어보는 건 어떨까? 당연히 내가 할 일이라면 그저 씩씩하게 하는 거야. 거기에서 주변의 평가를 초월한 자기 자신감과 만나게 될 테니 그러면 얼마나 멋진 일이야!"라고 이야기해 주는 공자와 만난다.

그래서도 『중용』 32장에서 하늘의 원리에 통달한 사람만이 알 수 있다고 설명하는 경지가 나와 무관한 것이라 미리 포기하지 않을 수 있는 격려를 얻는다. 사람의 보통 정서를 한 단계 넘어서서 갈 수 있는 역량이 내 안에 들어있을 터이니 말이다. 지금 당장 실현될 수 없을지라도 그 곳을 향해 걸어 갈 수 있는 준비만 되어 있다면 좋은 것이다. 오늘 다음에는 내일이 올 것이고 나는 계속해서 걸어 갈 수가 있으니.

제32장

오직 천하의 지극히 성실한 자만이 세상의 큰일을 경륜할 수 있으며 세상의 큰 근본을 세울 수 있고 천지의 화육을 알 수 있다. 어디에 의존하는 바가 있겠는가.
唯天下至誠 爲能經綸天下之大經 立天下之大本 知天地之化育 夫焉有所倚

정성스럽고 성실함이 그 인 자체이며 깊고 깊은 모습이 연못 그 자체이고 넓고 넓은 역량이 하늘 그 자체로다!
肫肫其仁 淵淵其淵 浩浩其天

진실로 총명하고 잘 알아서 하늘의 원리에 달통한 이가 아니라면 그 누가 그것을 알 수 있겠는가!
苟不固聰明聖知達天德者 其孰能知之

- 경륜經綸: 경륜은 원래 실을 잘 정돈하는 일을 말한다. 나아가 일을 사리에 맞게 잘 다스린다는 의미로 사용되었다.
- 준준肫肫: 정성스럽고 성실한 모양
- 연연淵淵: 깊고 깊은 모양
- 호호浩浩: 넓고 넓은 모양

이야기 서른셋

셀프 치유

동서양의 고전들이 대부분 그러하겠지만 『중용』처럼 자가 치유를 위한 훌륭한 매체도 드물 것이다. "이 세상의 원리가 곧 나의 본성이고 본성을 따르는 것이 도이며 도를 잘 연마하는 것이 바로 공부이다."라는 이 책의 첫 문장은 나라는 존재의 가치를 한껏 고양시켜준다. 이는 자산 가치 얼마의 집을 소유하고 있다거나 연봉 얼마, 또는 토익점수 등으로 사람의 존재가치가 결정되지 않는다는 선언이다.

전 우주적 차원에서 사람의 위상을 생각하는 방식이다. 이 세상의 원리가 바로 내 안에 들어 있다니 말이다. 이런 생각은 일상에서 작아지고 상처받고 그리하여 심신이 아픈 나의 현실에서 한줄기 빛이 되어 준다. '아! 이렇게 생각할 수도 있구나! 나란 존재를 이렇게 규정할 수도 있구나!'

밑줄 스스로 이런 존재의미를 가진 이에게는 저력이 있다. 가끔 혹은 자주 보통의 우리는 온갖 출세한 이들의 화려한 이력과 각종 명품의 향연에 초대받지 못했다는 이유로 한껏 위축될 때가 있다. 더 많이 갖지 못한 무능을 한탄하는 경우도 적지 않다. 그런데 『중용』은 과연 무엇이 의미 있는 자산인가!를 다시 묻도록 한다.

"군자의 도는 어두운 것 같지만 날로 빛이 나고 소인의 도는 분명해보이나 날로 사라진다."는 말은 피상적인 드러남에 혹하지 말라고 이야기 해 준다. 많은 사람이 다 좋다고 떠받드는 것이 정말 좋은 것인지를 돌아보라는 것이다. 사람은 자신의 과거에 의해 평가를 받아야 한다. 이것이 과거에 연연하라는 말은 물론 아니다. 지금 내 앞의 시간은 이미 과거가 되어버렸다. 시간은 끊임없는 흐름 속에 있고 세상의 모든 것은 변화 속에 있으니 말이다. 엄밀한 의미에서 현재는 없다는 말도 가능하다. 지금이라고 인식하는 순간에도 시간은 흘러가고 있으니까.

사람의 삶은 과거에서 미래로 이어지는 전체 속에서 바라보아야 한다. 오늘 나의 발걸음은 고스란히 과거가 되어 나의 또 다른 오늘을 받쳐준다. '너를 무너뜨리는 것은 나의 칼이 아니라 너의 과거다.'라는 말은 반대의 의미로도 쓰일 수 있다. 그러니 누구도 알아주지 않고 다소 추운 길이라도 마음을 다해 걸어가는 오늘의 발걸음은 허무한 일이 아니다.

요즘 흥미 있게 시청하는 드라마 '황금의 제국'에는 크게 두 축의 인물들이 등장한다. 부모가 일으켜 놓은 기업을 소유하고 있는 재벌 이세. 그리고 재벌의 정 반대 그룹에서 자랐으나 좋은 머리와 능력을 가진 자. 이 드라마에선 특히 재벌가의 내막이 흥미롭게 그려진다. 좀 더 가지기 위해서라면 형제간이든 부부 사이든 가차 없이 배신하고 상대를 곤경에 빠지게 한다. 한편 돈이 없어 집을 잃고 아버지를 잃어야 했던 또 한 사람은 더 이상 그런 일을 겪고 싶지 않다는 이유로 수단과 방법을 가리지 않고 자본 획득의 길로 매진한다. 어제 더 할 수 없는 모욕을 주고받았던 이들이 오늘 웃으며 함께 식사를 한다. 그 사이에는 당연히 자본이라는 권력이 매개되고 있다.

이런 이야기가 드라마 속에서만 존재하지 않는다는 것은 이미 잘 알려진 사실이다. 심심치 않게 가족 간의 송사를 벌이는 재벌가 이야기는 더 이상 사건이 아니다. 화면 속의 장면들을 구경하면서는 '사람들 참 한심하군!' '어떻게 저 정도로 욕심을 부리지?' 혀를 차지만 입장을 바꿔 놓고 내가 그 자리에 있다고 가정해 보면 그리 자신 있는 목소리를 내기 어렵다.

그러나 사람이 욕심 낼 것이 황금만이 아니란 걸 배운 이의 마인드는 다를 수 있다. 그러면 오늘과 같은 자본 중심의 사회에서도 인간이 지켜야 할 가치 있는 것을 보듬어야 비로소 행복할 수 있다고 할 것이다. 사람들은 자기가 많이 듣는 말을 사용하기 마련이다. 그래서 환경은 중요하다. 이 세상에는 돈이나 사회적 성공 말고도 가치있는 일들이 존재한다는 사실을 선전하는 일은 보다 많은 이들의 행복한 삶을 위해 귀한 일이다.

자기 단련 혹은 자기 수양. 사람과의 관계. 자연과 인간의 화해和諧. 이들은 모두 유학에서 중요하게 여기는 덕목이다. 이런 것들이 삶에서 중요한 자리를 차지하는 삶은 굳건하다. 그러니 어제의 연인이 오늘 원수로 돌변할 가능성은 희박하다. 나아가 "담담하지만 싫증나지 않고 간략해 보이지만 멋진" 품격을 가질 수 있도록 하는 지침이다.

치명적 매력으로 사람의 정신을 현혹하기보다 담담한 인상. 담담하지만 볼수록 새로운 매력이 드러나며 오래되어도 질리지 않는 힘. 이것이 유학을 바탕에 깔고 있었던 조선시대 우리 문화의 미학이다. 이는 예술품에만 해당되는 것이 아니라 사람의 인품에도 적용된다. 다리가 좀 짧아도 몸이 좀 뚱뚱해도 나는 매력 있는 사람이 될 수 있다!는 자부심을 주는 사고이다. 성형과 다이어트로 급조된 아름다움은 유효기간이 짧을 수밖에 없다. 그런 기술적인 미감은 다소 떨어지더라도 스스로를 존중하는 자신감을 내재한 이는 결국 빛을 내고 그 효과는 깊다.

이제 평균 수명 100세를 내다보는 시대이다. 반면 십 대 후반에서부터 이미 피부의 노화가 시작된다는 물리적 사실은 얼마나 당혹스러운 일인가. 그러다보니 이십 대의 사람들은 십 대의 피부를 위해 사십대는 삼십 대의 피부로 육십대는 오십 대의 피부를 갖기 위해 분투한다. 각종 매체를 타고 나오는 '꽃중년'을 위한 갖가지 마케팅에 현기증이 날 지경이다. '실은 지금의 내가 가장 소중하고 아름답다!'라고 이야기해주는 이는 찾아보기 어렵다. 그러니 너도 나도 내가 아닌 나를 내 안에 장착하기 위해 동분서주다.

스무 살의 청춘에게는 싱싱한 아름다움이 미덕이다. 오십의 중년에게 싱싱함은 어울리지도 않을 뿐더러 가능하지도 않은 일이다. 그 보다는 세상과 삶의 원리를 이해한 뒤에 나올 수 있는 그윽함이 그들을 받쳐주어야 한다. 오래 전에 공자는 "오십에는 하늘의 명을 알고 실천할 수 있었다.[知天命]"고 하여 중년의 미덕을 정의했다. 이런 것이 삶의 균형점이 아닌가. 청춘시절에는 그 때에 맞는 저돌적이며 다소 무모한 행동이 어울린다. 오십을 넘긴 사람들에게는 두루 돌아보고 배려하는 관점이 요구된다. 자신이 선 자리와 그에 요구되는 덕목이 어울릴 때 삶의 균형이 잡힌다.

가능하지 않은 일에 힘을 소진하며 휘청이고 상처받기보다는 자신에 적합한 선택지를 고르고 그것을 몸에 붙이도록 애쓰는 모양이 아름다운 삶의 길이다. 헛된 욕망으로 상처 받고 병이 깊어지도록 하는 일은 어리석다. 그렇지 않아도 생로병사의 흐름에 놓여있는 생명체가 아니던가.

제33장

시경에 이르기를 "비단옷을 입고 홑옷을 걸쳤다."고 했으니 이는 그 화려함이 드러나는 것을 싫어했기 때문이다. 그러므로 군자의 도는 어두운 것 같지만 날로 빛이 나고 소인의 도는 분명해보이나 날로 사라진다. 군자의 도는 담담하지만 싫증나지 않고 간략해 보이지만 멋지고 따뜻하면서도 순조로우니, 먼 곳이 가까운 데서 시작됨을 알고 바람의 근원을 알며 은미한 것이 나타나게 된다는 것을 안다면 함께 덕의 세계로 들어갈 수 있을 것이다.

詩曰 衣錦尙絅 惡其文之著也 故君子之道 闇然而日章 小人之道 的然而日亡 君子之道 淡而不厭 簡而文 溫而理 知遠之近 知風之自 知微之顯 可與入德矣

시경에서 말하기를 "잠겨서 비록 숨어있지만 또한 매우 분명하다."라고 했다. 그러므로 군자는 안으로 스스로를 반성하여 거리낄 것이 없으니 그 뜻에 악함이 없다. 보통사람이 군자에게 미칠 수 없는 것은 오직 타인에게 보이지 않는 부분일 것이다!

詩云 潛雖伏矣 亦孔之昭 故君子內省不疚 無惡於志 君子之所不可及者 其唯人之所不見乎

제33장

시경에 이르기를 "네가 집에 머무는 것을 보니 안쪽 구석에 있더라도 부끄러울 것이 없구나!"라고 했다. 그러므로 군자는 움직이지 않아도 경을 지키며 말하지 않더라도 미덥다.
詩云 相在爾室 尙不愧于屋漏 故君子 不動而敬 不言而信

시경에 말하기를 "음악을 연주하여 신명이 강림하도록 할 때에 말이 없었으니 그 때에는 다툼이 없었다."고 했다. 이런 까닭에 군자가 상을 주지 않아도 백성을 권면하고 성내지 않더라도 백성들은 병장기 보다 두려워한다.
詩曰 奏假無言 時靡有爭 是故君子 不賞而民勸 不怒而民威於鈇鉞

시경에서 말하기를 "드러나지 않는가 오직 이 덕이여! 모든 제후들이 그를 본받는구나!"라고 했다. 이런 까닭에 군자가 신실하게 직분을 다하니 천하가 평화롭다.
詩曰 不顯惟德 百辟其刑之 是故 君子 篤恭而天下平

시경에서 이르기를 "나는 명덕을 품고서 큰소리나 얼굴빛으로 하려고 하지 않음이다."라고 했다. 이에 대해 공자는 "호령이나 얼굴빛으로 백성을 교화하는 것은 말단의 방법이다."라 하였다. 시경에서 "덕의 가벼움은 털과 같다."고 했으나 털은 오히려 같은 무리가 있지 않은가. 상천이 싣고 있는 것은 소리도 없고 냄새도 없으니 지극하도다!

詩云 予懷明德 不大聲以色 子曰 聲色之於以化民 末也 詩云 德輶如毛 毛猶有倫 上天之載 無聲無臭 至矣

- 오惡: '악할 악' '미워할 오' '오'로 읽으면 미워한다 · 싫어한다는 의미이다.
- 문文: '글월 문' '빛깔 문' '무늬 문' 이 문장에서는 화려한 겉모양이라는 뜻으로 쓰였다.
- 옥루屋漏: 집의 서북 쪽 모퉁이라는 의미로 집안에서 가장 외진 구석을 가리킨다.
- 부월鈇鉞: '도끼 부' 도끼 월' 병장기를 말한다.
- 형刑: '형벌 형' '본받을 형' 여기서는 본받는다는 의미로 쓰였다.

에필로그
고백

입춘 뒤의 맹추위가 기승을 부리던 날
바람조차 성하여
겨울 햇살의 온기를 나눠 갖기 어렵던 날에
나는 오랫동안 내 안에 머물던 사람을 떠나보냅니다.
세월이 흘러 새로워진 그를
새롭게 받아들여야 한다는 자각 때문이었을 테지요.
아프고 아린 감정의 소용돌이를 가라앉히며
내 기억 속에 남아있을 추억을 갈무리하며
나는 스스로를 위로합니다.
잎새를 모두 떨구고 한겨울 칼바람에 당당히
땅속에서는 그 어느 때보다 왕성한 움직임으로
하나의 나이테를 더해가고 있을
겨울나무 군락을 곁눈질하며

나는 내 자신을 위로합니다.
껍데기는 걷어내고
필요 없는 수식에 힘을 쏟지도 말고
알맹이 그대로의 속살과
솔직하게 만날 준비가 되어 있는가?
스스로에게 물으며
나의 실존적 폼새를 정돈합니다.

그것이 사람에 대한 것이든
일에 대한 것이든
자칫 과도하게 나아가려는 우리네 속성을
빤히 들여다보며
거기 보다는 여기가
더 적절하지 않겠는지를 묻게 하는 『중용』은
지혜와 함께 위로를 주는
문장들임을
나는
고백합니다.